INICIAÇÃO À
UMBANDA

DANDARA e ZECA LIGIÉRO

INICIAÇÃO À
UMBANDA

Rio de Janeiro | 2023
1ª edição | 1ª reimpressão

PALLAS

Copyright © 2018
Zeca Ligiéro

Editoras
Cristina Fernandes Warth
Mariana Warth

Capa
Aron Balmas e Daniel Viana

Diagramação
Abreu's System

Preparação de originais
Eneida D. Gaspar

Revisão
Dayana Santos

(Este livro segue as novas regras do Acordo Ortográfico da Língua Portuguesa.)

Todos os direitos reservados à Pallas Editora e Distribuidora Ltda.
É vedada a reprodução por qualquer meio mecânico, eletrônico, xerográfico etc., sem a permissão por escrito da editora, de parte ou totalidade do material escrito.

CIP-BRASIL. CATALOGAÇÃO-NA-FONTE
SINDICATO NACIONAL DOS EDITORES DE LIVROS, RJ

L691i

Ligiéro, Zeca, 1950-
 Iniciação à umbanda / Dandara e Zeca Ligiéro. - 1. ed. - Rio de Janeiro : Pallas,
2013.
 216 p. : il. ; 18 cm.

 ISBN 978-85-347-0504-2

 1. Umbanda. 2. Cultos afro-brasileiros I. Ligiéro, Dandara. II. Título.

13-00381   CDD: 299.672
                                                                                                       CDU: 299.6

Pallas Editora e Distribuidora Ltda.
Rua Frederico de Albuquerque, 56 – Higienópolis
CEP 21050-840 – Rio de Janeiro – RJ
Tel./fax: 21 2270-0186
www.pallaseditora.com.br
pallas@pallaseditora.com.br

Nota para a nova edição do livro

Iniciação à Umbanda foi encomendado em 1994, logo após o sucesso de vendas do livro *Iniciação ao Candomblé*, por mim escrito e publicado pela Nova Era, Record em 1993. Entretanto a dificuldade de reunir os múltiplos materiais levou-me, em colaboração com Dandara, a escrever um livro muito grande e no formato acadêmico que se intitulou *Umbanda: paz, liberdade e cura* saindo pela mesma editora no ano de 1998. Desta forma conseguimos finalizar a edição mais enxuta com intuito de introduzir os principais conceitos da fundação e da divulgação da umbanda no Brasil e no exterior. O livro *Iniciação à Umbanda* teve a sua primeira edição em 2000.

Agora, pela Pallas Editora o livro renasce. Preparei-me para uma revisão dezessete anos depois da primeira edição. Entretanto, após minuciosa análise houve um acordo com a Editora — acertamos que o livro deveria sair exatamente como havia sido publicado, verificamos que não havia nada para mexer. Embora o contexto nacional tenha mudado bastante, em relação à umbanda. Talvez a única diferença seja que a intransigência em relação à religião que era apenas de alguns setores ligados ao Catolicismo e ou ao Espiritismo, hoje percebemos que o inimigo número um das religiões afro-brasileiras vem de setores radicais da Igreja Evangélica que vêem na umbanda um culto demoníaco contra o qual tem sido implacáveis em uma espécie de "guerra santa". Mas de qualquer forma, internamente, nada mudou na perspectiva humanista, pacifista, e terapêutica desta religião que busca a cura, o convívio com o mundo dos ancestres, a integração do individuo consigo mesmo e com as forças da natureza num mundo cada vez mais voltado para o consumo e a superficialidade.

Zeca Ligiéro

Sumário

- 9   Prefácio
- 13   Introdução

PARTE I
- 21   Ciência e Fé

PARTE II
- 77   Criando a Umbanda

PARTE III
- 125   Orixás — Santos — Ancestres

PARTE IV
- 171   Fundamentos Bantos da Filosofia, da Simbologia e da Liturgia Umbandista
- 203   Conclusão: Penúltima Palavra
- 207   Bibliografia

Prefácio

Conservo para mim, como uma das mais belas lembranças da minha vida, certas noites em Engenho Novo, no Rio de Janeiro. Conheci gente boa, gente com ambição de ultrapassar as vivências ordinárias como algo simples e espiritual. Eles se haviam congregado em um centro de umbanda.

Na sala principal, o seu cosmograma. Traçavam pontos riscados para chamar heróis caboclos e velhos kongos crioulos nos pontos cardinais da sala. Entoavam também pontos cantados com o propósito de esclarecer a iconografia dos espíritos e seus principais atributos. As palavras das cantigas, na verdade, compartiam a razão das esculturas dos santos católicos; com elegância bilíngüe, fazia-se uma festa das forças, Deus-Oxalá-NZambi, santos-orixás, caboclos e pais velhos.

As cantigas eram como legendas escritas para um filme estrangeiro, traduzindo, traduzindo... Por exemplo, a associação forte que liga certos pais kongos com as estrelas surgia clara. Estrelas são vistas como espíritos ambulantes — *simbi* — na clássica religião kongo. Por isso, o pai velho kongo é uma estrela, repentinamente presente para converter luz em caridade. Bam! Era demasiado forte. Dança, cantigas, incenso, felicidade, luz, estátuas de santos, pembagramas no chão, luz, surpresas, luz. Bam! Espíritos chegavam, fazendo alguns homens caírem ao chão, com ruído forte e iluminado. Eram caboclos e pais e mães kongos. Eram estrelas e flechas buscando a terceira dimensão de carne e osso. Descendiam do alto, ascendiam dos símbolos traçados em pemba sagrada no chão. Incorporavam-se nos seus médiuns.

E então a dimensão oral da umbanda era palpável. Cada espírito fazia, essencialmente, uma só pergunta: Qual é o seu problema? Dedicavam tempo e atenção a miniconsulta para gente perturbada, gente buscando avisos e soluções que chegassem de um manancial alto, sagrado, mas ao mesmo tempo informal. Angústia tornava-se sorriso. Porque a gente podia falar com o espírito não distante, não congelado em elegante catedral, mas próximo, presente, disponível. Um pai que fumava charuto, como ato de meditação, ao concentrar-se sobre seu problema. Então dava-e conta do centro do fenômeno. Umbanda é caridade. É uma beleza moral bem dentro da gente que habita um terço de um continente inteiro.

Quem quiser conhecer este tesouro nacional tem neste livro um mapa formidável. Os autores escrevem ambos com consciência social e inspiração artística. Podem identificar como ninguém esta benção humana que é a umbanda. Nade, então, mediante o nada do materialismo, até chegar à umbanda nas paginas seguintes. Caridade o espera. Água de beber, camará!

Robert Farris Thompson
Autor de livros sobre arte Afro-Atlântica
e Decano do Timoth Dwight College da Yale University

Introdução

A umbanda nos fascina por ser uma religião ecumênica, absolutamente brasileira e, ao mesmo tempo, universalista. Ela liga as mais remotas tradições, como a congo e a iorubá, à caridade cristã, à sabedoria das nações indígenas brasileiras e ao espiritismo kardecista. Todas as misturas possíveis buscam o entendimento e a evolução da raça humana em sua jornada sobre a Terra. Alimentando-se de tradições muito antigas, e também das mais recentes correntes místicas a umbanda preparou-se para entrar no Terceiro Milênio com uma valiosa bagagem multicultural. Ela se distingue como uma religião altamente capaz de acompanhar as rápidas transformações de uma sociedade cada vez mais planetária e guarda em seus santuários diferentes referências de nossa existência humana.

A umbanda é uma religião em processo, autoconstruindo-se a partir da sua própria prática religiosa dentro da dinâmica de uma tradição oral multicultural. A enorme e contraditória bibliografia de escritores umbandistas apenas atesta a impossibilidade de transformar esse universo múltiplo em algo unívoco, estritamente dogmático e doutrinário. Neste sentido, a religião se sedimentou pelas inter-relações das inúmeras vivências religiosas de seus líderes e adeptos, tornando-se pluralista, multicultural e inter-racial.

É uma religião por excelência ambientalista. Dialogando com a cultura local de quem a recria e lhe devota espaço e credo, ela logra honrar diversas heranças étnicas de uma comunidade, ao passo que ritualiza os mais variados meio ambientes. Suponhamos, por exemplo, a situação hipotética de um terreiro gerenciado por uma brasileira mestiça, moradora de uma modesta casa em Miguel Couto (RJ). Num quintal arborizado da Baixada Fluminense, o culto à força sagrada das árvores e ervas pode expressar-se de uma maneira mais direta, por meio de cantos e danças no sereno, de oferendas deitadas ao pé da Jurema ou do Tempo e de toques energizadores no tronco lenhoso das gigantescas plantas sagradas. O público é majoritariamente composto de vizinhos e admiradores que conhecem de longa data os muitos elementos afro-ameríndios de que se compõe a cerimônia. Os tambores soam como nas festas da infância, os caboclos e pretos-velhos por vezes relembram avós já falecidos, os cocares e cachimbos são os mesmos usados em outros rituais. Porém, se numa reviravolta do destino esta senhora repentinamente muda seu estilo de vida e vai morar num apartamento em pleno "sertão" de Ipanema, a sua prática religiosa irá também adaptar-se ao novo contexto. Os atabaques dos rituais ao ar livre serão substituídos por cantos e rezas suavemente entoados ao som de discretas palmas, em respeito à lei do silêncio. A mãe de santo, que na nova vizinhança entrou em contato com praticantes de ioga e budismo, iniciando um trabalho em direção a uma umbanda mais orientalista, já não parece tão boa aos olhos dos que frequentavam o seu primeiro centro. Contudo, se mostra extremamente atraente para o novo público e o renovado corpo de médiuns que, agora majoritariamente composto por habitantes da Zona Sul (de membros de comunidades dos morros a profissionais liberais), costuma reunir-se em círculos para receber mensagens psicografadas de mestres que viveram na China dos mandarins.

A evolução das várias vertentes da umbanda, as sucessões de liderança nos centros, a dinâmica interna de suas organizações coletivas, as concordâncias e divergências entre as diversas facções são simultaneamente percebidas como causadoras e resultantes da acentuada heterogeneidade desta religião. Esses fatores, além de refletirem as particularidades dos diferentes grupos que professam a umbanda e dos muitos ambientes onde ela é cultuada, determinam numerosas variações na performance dos rituais propriamente ditos, que se expressam na liturgia, no perfil das divindades cultuadas, no papel desempenhado pelos médiuns, ou no tocante à participação do público. Assim, verificamos a existência de uma enorme gama de performances com o mesmo nome, incluindo estilos que vão desde danças afro-brasileiras, como o samba, a sessões de mesa para a captação de mensagens psicográficas. Dessa forma, a umbanda promove encontros multirreligiosos e inter-raciais, além de ocasionar contatos entre pessoas de diferentes classes sociais e distintas bagagens culturais. A caridade e a pluralidade permanecem como características comuns aos diversos rituais praticados por meio da ajuda indiscriminada aos necessitados, deste e do outro mundo.

Centenas de autores umbandistas escreveram livros que advogam as mais variadas origens para esta religião. Muitas das obras são ditas psicografadas, e seu conteúdo é creditado à sabedoria de mestres desencarnados. Algumas, assinadas por iniciados de carne e osso, afirmam categoricamente que a umbanda começou na legendária Atlântida, ou que fora engendrada por uma misteriosa raça vermelha (não confundir com os peles-vermelhas norte-americanos) ou adâmica que, hoje desaparecida, teria dado origem a todas as outras raças humanas. O fato é que, psicografados ou não, os livros umbandistas são geralmente marcados pela riqueza de detalhes e explicações inusitadas em suas páginas e pela ausência de bibliografia e/ou referências a documentações que consistentemente fundamentem as surpreendentes declarações que contêm. Entretanto, apesar de constituírem um conjunto aparentemente disforme, as publicações umbandistas são em si mesmas um estilo popular de literatura brasileira. Como cordéis de um pensamento religioso, as publicações independentes impressas em papel-jornal são efabulativas, poéticas e alternativas.

Nosso trânsito pela tradição da umbanda pretende ser de mão dupla — por um lado, levantando pontos comuns e incomuns entre diversas práticas e definições da umbanda de que temos notícia; por outro, provendo ao leitor conceitos que permitam uma compreensão melhor dos diversos tipos de umbanda e de algumas das entidades espirituais mais popularmente cultuadas por esta religião. Visando a alcançar esses objetivos, organizamos este livro a partir das descrições das principais tradições que se encontram imbricadas no processo da formação umbandista, e o multiculturalismo é o enfoque central de nossa abordagem nesse contexto religioso.

PARTE I

Ciência e Fé

Gravura do livro Modern American Spiritualism (1870) *ilustrando o estudo científico das vibrações do espírito.*

A distinção inicial que fazemos, num apanhado global das informações disponíveis sobre a umbanda e temas afins, reúne, de um lado, leituras acadêmicas e, de outro, a autoexpressão dos fiéis e líderes umbandistas propriamente ditos.

Destacamos esta diferença sobretudo pela necessidade de organizar o extenso material que encontramos em nossa pesquisa e também porque ela nos ajudou a definir melhor o perfil deste trabalho.

Separando os acadêmicos dos umbandistas, identificamos duas formas de olhar a umbanda e de pensar sobre ela: a primeira é como um produto do pensamento científico-literário ocidental; a segunda é como uma derivação, em diversos níveis, da confluência de várias tradições orais.

1. O olhar da ciência

O olhar da ciência capta imagens distanciadas do mundo, mas não chega a ser neutro, identificando-se culturalmente com as principais tradições escritas europeias. O estudo acadêmico de religiões populares como a umbanda oferece esclarecimentos objetivos sobre partes específicas de cada fenômeno observado numa perspectiva racional, analítica e detalhista. A produção das academias ou universidades engloba questões das quais as ciências têm se ocupado nos últimos séculos. Estas instituições procuram consolidar o saber científico e ampliá-lo para áreas em que predomina o conhecimento pré-literário que, para grande maioria dos intelectuais, é um tipo de conhecimento mágico, subjetivo ou fantasioso do mundo. Impondo-se como adaptações do pensamento científico ocidental, as universidades formalizam a adoção de bibliografias e idiomas europeus. Com isso, estabelecem a supremacia de um determinado modo de pensar.

O que importa aqui não é tanto o idioma em si, mas o uso que dele se faz, o qual pode ser medido pelo "Nível de Tecnologização da Palavra"[1] praticado numa sociedade. Em 1928, o linguista Milman Parry provou que a poesia homérica fora composta oralmente.[2] Foi o maior rebuliço. A *Ilíada* e a *Odisseia* — tão valorizadas como marcos fundamentais do gênio literário ocidental — eram na verdade registros de um passado oral muito antigo, cuja produção desembocara na literatura grega entre os anos 700 e 650 a.C.[3] Esta revelação acarretou um aumento das pesquisas sobre as psicodinâmicas da linguagem e suas muitas implicações. Foi derrubada a assunção simplista de que o pensamento dos povos ágrafos seria pré-lógico[4] ou mágico, ou igual ao raciocínio analítico ocidental, só que baseado em categorias culturalmente específicas.[5] Surgiram novos estudos dos vários tipos de organização do pensamento humano, entre eles o que se refere ao nível de "tecnologização da palavra" embutido na forma de comunicação. Tais níveis seriam em ordem crescente de complexidade: palavra falada, manuscrita, impressa e eletrônica. A passagem de um nível para o outro muda completamente a ordenação dos processos cognitivos, seja qual for o idioma em questão.

Fortemente literários, os idiomas inglês, francês, espanhol, holandês e alemão se espalharam pelo mundo nas águas da expansão colonial. Substituíram línguas nativas das áreas conquistadas, unindo numa nova estrutura sociocultural povos antes distintos e, às vezes, até inimigos. Na bibliografia greco-latina e anglo-saxônica estão registradas as sementes das ideias que hoje regulam o mundo.[6] Como a língua codifica as percepções e imagens que um povo tem da realidade, muitos traços característicos de culturas não europeias deixam de existir quando traduzidos, redigidos e estudados cientificamente. Várias vezes, aquilo que era a essência do fenômeno cultural em questão passa despercebido ou é completamente desvirtuado pelo observador/cientista. Textos científicos refletem valores e identidade cultural ocidentais/europeus, ainda que o autor tente ficar imparcial ao descrever e analisar modos de viver e pensar diferentes dos seus. A impressão de neutralidade surge do nível da palavra manuscrita e é difícil de ser superada, pois qualquer mídia que veicule e armazene conhecimento fora do cérebro já basta para distanciar o pensador do objeto pensado, o que é impraticável no âmbito da oralidade. O distanciamento favorece o pensamento analítico e objetivo que tantas vantagens deu aos europeus nos contatos com outros povos. Foi por causa dessas repetidas vantagens que o eurocentrismo se fortaleceu.

O eurocentrismo pode ser descrito como um arraigado hábito mental que leva os estudiosos a observar tudo através de padrões (de compreensão) ocidentais. O que não se encaixa nesse padrão e que, portanto, permanece (para eles) "inclassificável" tende a ser ignorado. O que não pode ser ignorado é, muitas vezes, perseguido como impostura e charlatanismo. Fiéis a essas diretrizes, faculdades de medicina acabam não reconhecendo as centenas de curas promovidas diariamente pelo espírito do Dr. Fritz. Diante dos milagres, catedráticos da "medicina científica" preferem condenar em vez de investigar essa medicina mediúnica que, além de eficaz, é gratuita ou muito barata.

Estudando culturas e religiões humanas, a distância entre o olhar da ciência e as realidades observadas é ainda maior. O aprendizado da língua e de hábitos locais, somado à busca de inter-relações culturais, passa a ser então uma exigência de abordagens antropológicas mais atuais. Importantes pesquisadores fizeram grandes esforços para transcender a barreira da língua. No século XIX, visitantes europeus[7] priorizaram a documentação visual do comportamento de indígenas e negros no Brasil; já os visitantes do século XX[8] procuraram aprender idiomas nativos para penetrar mais nas culturas estudadas. Estudos como os de Victor Turner e Lévi-Strauss contribuíram muito para o entendimento da vida brasileira, mas suas fórmulas estruturalistas, quando aplicadas à umbanda, revelaram-se inadequadas. Eles expressaram compreensões limitadas do simbolismo religioso, deduzindo seu significado de relações religião-sociedade que são visíveis para o observador leigo, mas esqueceram-se de buscar o sentido oculto ou esotérico, transmitido oralmente pela relação sacerdote-neófito.

Também no século XX, filhos de diversas raças originalmente ágrafas alcançaram formação universitária, dominaram a tecnologia desta "nova" linguagem e começaram a utilizá-la para melhor comunicar a tradição ancestral de seu povo. Esses autores têm produzido um outro tipo de literatura ocidental, que relativiza e discute os valores do colonizador à luz de suas filosofias nativas. Essa perspectiva multicultural coloca a cultura ocidental em pé de igualdade com as culturas que vinham sendo desarticuladas e oprimidas pelo colonialismo.[9]

Relativizado o eurocentrismo, as vantagens do olhar da ciência tornam-se mais e mais relevantes para os estudos dessa natureza. Permitem abordagens distanciadas e objetivas da religião, viabilizando conclusões claras sobre aspectos específicos — tudo isso precisamente documentado com detalhes e organização criteriosos. Só que o raciocínio lógico "estruturado pela tecnologia da escrita" não basta para nos conduzir a uma plena compreensão da umbanda. Juntos, os muitos resultados da análise crítica não formam uma síntese satisfatória. Porém, a grande maioria dos letrados tende a menosprezar organizações do pensamento que não seguem padrões semelhantes aos seus,[10] considerando primitivas, pré-lógicas ou ilógicas[11] as formas de pensar das sociedades orais. Creem que os analfabetos sejam incapazes de desenvolver noções claras de causa e efeito, quando na verdade o que eles não conseguem é "organizar elaboradas concatenações causais no modo analítico de sequências lineares que apenas pode ser feito com o auxílio de textos".[12]

Essa mentalidade, arbitrária e excludente, é bem mais arraigada e difícil de transformar do que o eurocentrismo.

2. A visão da fé

A visão dos fiéis e líderes da umbanda sobre sua religião é expressa de forma autêntica e independente nas "publicações umbandistas". São jornais, revistas e livros assinados por fiéis, mestres, líderes ou instituições ligadas à religião que veiculam abordagens dogmáticas, embora muitas postulem neutralidade e cientificismo.

São vendidas em casas de umbanda, lojas de artigos religiosos, livrarias especializadas ou bancas de jornal. Heterogêneas e nada convencionais, combinam dados obtidos por erudição informal e multidisciplinar com registros escritos das vozes de muitas culturas ágrafas ou semiliterárias. Nas páginas umbandistas, noções de antropologia, linguística e arqueologia aparecem ao lado de teoremas cabalísticos, excertos de filosofia védica, ditados populares e letras de pontos cantados. Tudo costurado por depoimentos e relatos pessoais. A grande mistura não encobre, porém, a forte afinidade com o modo de pensar próprio das sociedades orais — característica que todos os textos umbandistas têm em comum. Essas publicações apresentam elementos que as identificam como criações de uma mentalidade pré-literária — o que é um paradoxo, mas não chega a ser uma novidade.

A organização oral do pensamento é uma forma de produzir e verbalizar ideias anteriores e muito diferentes da forma literária. A oralidade, o pensamento e a fala se organizam de modo não analítico, não linear, não distanciado, não categorizado, ou seja, nada daquilo com que escritores e leitores "cultos" estão acostumados. Para entender a visão que os textos umbandistas oferecem da religião, é preciso superar a compreensão literária (ou literal) das coisas. Conhecer os fundamentos do raciocínio oral é pré-requisito para o desempenho dessa tarefa. Mesmo quando as tradições orais começam a ser veiculadas em textos, estratégias cognitivas pré-literárias permanecem em uso por um tempo indefinido.[13] É nas tradições orais que encontraremos as raízes de muitos aspectos aparentemente estranhos da autoexpressão dos fiéis da umbanda. De alguma forma, essas heranças invisíveis seguem ordenando os pensamentos e a sua expressão verbal.

Mas até que ponto podemos reconhecer fundamentos da mentalidade oral, estudando registros escritos? Os textos umbandistas fogem às normas cultas da literatura ocidental, mas suas narrativas já não apresentam as mesmas fórmulas[14] de repetição que se veem nas estruturas de provérbios, fábulas, lendas, letras do cancioneiro popular e outras formas verbais primariamente orais. Se nessas publicações a persistência de estratégias cognitivas pré-literárias não é tão evidente quanto poderíamos supor (ou desejar) a princípio, como diferenciar os elementos orais dos elementos literários? Neste caso, não podemos ignorar a dinâmica, ora contraditória, ora complementar, do binômio oralidade/ literalidade. Os textos que difundem a umbanda tal como vista pela fé dizem respeito a tradições essencialmente orais, e são a sua literatura em formação. Nossa estratégia é estabelecer relações claras entre essa escrita e o processo oral de pensamento que a teria produzido. Assim, nos concentramos em alguns traços do perfil psicodinâmico da oralidade[15] procurando identificá-los no contexto umbandista.

Estruturas orais são aditivas (1) e não subordinativas, porque nelas, geralmente, os conectivos se resumem a termos aditivos como "e" e "também" ou vírgulas. Nas páginas umbandistas, a ordem aditiva é mais notada no encadeamento de tópicos do que na construção frasal. Informações e ideias se seguem umas às outras como se enfileiradas, aparentemente livres de uma hierarquia subordinativa. A divisão dos capítulos parece aleatória. Já o caráter agregativo (2) (não analítico) das estruturas orais se deve à necessidade de repetir fórmulas que favoreçam a memória. Expressões como "esta entidade transcendente magnífica e luminosa", ou "aquelas entidades embrutecidas primitivas e sanguinárias", são exemplos disso. A redundância (3) favorece a formação de padrões rítmicos de repetição do que é dito, mantendo no foco de atenção o maior número possível de elementos utilizados numa sequência de raciocínio. Manifesta-
-se na repetição de frases ou expressões e nas sequ-

ências de vários períodos, trechos ou parágrafos que reproduzem a mesma informação. O tradicionalismo (4), típico do pensamento oralmente estruturado, deve-se também ao amplo uso da atividade mental no esforço de memorizar e se esconde nas sutilezas do conteúdo de cada publicação. O conservadorismo umbandista transmite a consciência dos líderes/autores sobre a responsabilidade de estarem fixando os pilares de uma nova religião.

O pensamento oralmente organizado é empático e participativo (5), pois só permite conhecimento pelo contato próximo com o que se quer conhecer. Na umbanda, a subjetividade transparece pela importância da experiência pessoal de cada autor na composição dos textos. Sentimentos de afeição, devoção ou débito para com um guia influem na seleção de temas. Os tons emocionais com que cada um defende suas práticas, crenças e pontos de vista estão sempre presentes, com diferentes nuances de intensidade e poesia. No universo oral, conhecemos aquilo com que interagimos, e cada coisa só faz sentido no contexto dessa interação. Isso decorre do caráter operacional (6) (não categorizado) do pensamento oralmente formulado, segundo o qual as coisas só existem conforme sua função prática no contexto em que são pensadas. Para um marceneiro iletrado, serrote e madeira jamais seriam separados em categorias tão distintas como a das ferramentas e a das matérias-primas, mas unidos no conjunto operacional de coisas envolvidas no processo de fabricação de móveis e utensílios.

Nas publicações umbandistas, ideias e informações encadeiam-se de modo semelhante, conforme sequências operacionais relativas à prática religiosa.[16] Englobando assuntos de diversas categorias, desde receitas e antídotos mágicos até explicações metafísicas multiculturais, estas publicações veiculam, sobretudo, dicas altamente funcionais. Orientam adeptos no convívio com as etapas e os conflitos da jornada iniciática, oferecem ferramentas mágicas para a gerência de demandas cotidianas ou armas ideológicas para sanar dúvidas, combater inimigos e dissidentes.

O tom agonístico (7), que marca com notas de desespero, violência e tragédia as narrativas orais, aparece nas publicações umbandistas sob a forma de uma irreconciliável rivalidade entre as diferentes facções. Há páginas em que sobram descrições sobre a negatividade, inferioridade, feiura e más intenções dos praticantes da dita "umbanda de linha preta" e suas "entidades sanguinárias". Os conflitos parecem sempre ser questões de vida ou morte para a religião, e urge que o leitor tome uma posição. Não há isenção ou neutralidade onde arde a chama da fé.

Por fim, a homeostase (8) é a característica herdada das sociedades orais que melhor esclarece a sensação de insuficiência experimentada por leitores não adeptos quando confrontados com essas obras. A homeostase trata da oralidade no seu aspecto mais volátil. Aplica-se às mudanças operadas pelo tempo na fisionomia das tradições orais, determinando morte e renovação de elementos constitutivos. Sociedades orais se mantêm em equilíbrio homeostático, eliminando lembranças que o tempo tornou irrelevantes. A história oral do povo é continuamente recriada, atualizando-se sem que haja registros escritos sobre o que já não existe. Quando um grupo sucede outro no domínio sobre uma área geográfica, os contadores de história[17] ajustam o seu repertório à nova face da realidade. Na umbanda, mecanismos semelhantes fazem sua literatura espelhar a dinâmica da prática religiosa, mantendo-a em constante transformação. Altos e baixos na balança homeostática seriam responsáveis pela inventividade retórica que grassa nos meios umbandistas.

3. Oralidade e Literatura

A gravura a seguir, do livro *Life in Brazil*,[18] de Thomas Ewbank, reproduz diversos tipos de joias e bijuterias no formato de amuletos, encontradas em lojas do centro do Rio de Janeiro, no fim do século XIX, que revelam a mistura de tradições e culturas. Entre essas peças estão figas usadas pelos afro-brasileiros, cuja origem remonta ao antigo Egito, e que teriam sido popularizadas no mundo pagão romano. Há também pássaros e outras imagens cristãs; o coração, muito popular entre os marinheiros que aportavam no Brasil; o pentagrama e o hexagrama, muito apreciados pelos malês (negros muçulmanos) e presentes também na maçonaria; chifres, provavelmente vindos do Congo, comuns em várias partes da África, que guardavam pós mágicos, servindo para rituais e curas.

A gravura sintetiza a produção visual do rico imaginário das populações mestiças do Rio, que contribuíram para formar a umbanda como raios vindos de várias direções, ecos de muitas épocas e de todos os continentes. Tomando corpo no Brasil, com a reunião de um vasto espectro de tradições pulsantes, a umbanda passou a ser representada externamente pela estrela de cinco pontas. A estrela que está na insígnia da República do Brasil, e na antiga bandeira do Congo, a Estrela de salomão, da Cabala e da Maçonaria, a estrela que guiou os três reis magos à manjedoura em que dormia, recém-nascido, o menino Jesus.

Acredita-se que a formação da umbanda decorreu das inter-relações de várias tradições culturais e religiosas africanas, ameríndias e europeias encontradas no Brasil. Para nós, o esforço de distingui-las começa na observação das diferenças entre tradições orais e tradições escritas.[19]

1. Tradições orais

A Tradição Ameríndia

A tradição ameríndia é evocada pelos umbandistas como um elo com os povos do Brasil nativo e sua espiritualidade. Sua importância na religião é marcada pelo culto aos espíritos dos caboclos, presente na maioria das casas. Mas se os registros dos rituais a eles dedicados são poucos e desordenados, o desafio de reuni-los em sequências lógicas que comprovem "verdades históricas" tem sido simplificado por autores umbandistas de modo surpreendente. Assim, populariza-se a crença de que a heterogênea liturgia e mítica dos caboclos deriva de um antigo culto ao deus Tupã, concebido como divindade suprema de todos os indígenas brasileiros. Por sua vez, o culto a Tupã seria uma reminiscência do culto ao ainda mais antigo deus Pã, que teria começado na legendária Atlântida,[20] a qual submergiu não se sabe quando, sepultando no oceano a chave para este e outros enigmas da humanidade.

A mítica umbandista do indígena como caboclo é um dos pilares da religião. Todavia, não temos notícia de que líderes indígenas ou indigenistas de renome tenham se pronunciado a respeito dessa relação entre a questão indígena e a umbanda. A resistência indígena nas últimas décadas rejeita a condição de caboclo, pois este termo, que recebe conotações pejorativas em várias cidades do interior, fora inicialmente utilizado para designar "indígenas mansos", que se submetiam pacificamente à dominação das elites euro-brasileiras. Transformar um indígena em caboclo era um processo que começava pela conversão de uma alma "selvagem" à fé cristã. Mas a catequese dos indígenas não foi o mar de rosas que aparece nas ilustrações de livros didáticos de história do Brasil para crianças. A descentralização das sociedades e cosmogonias nativas era uma pedra no sapato dos jesuítas, pois dificultava a conversão. Como não concebiam uma entidade suprema onipotente em seus próprios sistemas religiosos, os indígenas não incorporavam efetivamente o monoteísmo cristão.

Viajantes e estudiosos que visitaram o Brasil colonial escreveram que as tradicionais religiões indígenas se valiam de procedimentos mágicos para influir na vida das pessoas e no mundo físico. Através das "almas" de plantas e animais performavam[21] rituais fúnebres para agradar os mortos, evitando que viessem perturbar a comunidade. Bebidas e fumos especiais eram empregados para expandir a consciência. O mundo mítico[22] era um universo em que espíritos de humanos, animais e divindades coexistiam em harmonia dinâmica. Curas físicas e espirituais eram processadas em rituais encantatórios com o uso de remédios da flora medicinal. A pajelança, como hoje conhecemos esses rituais, é uma medicina indígena praticada pelo sacerdote/pajé com o uso de ervas e fumos. No aspecto litúrgico, observa-se de fato uma forte relação da pajelança com a umbanda praticada nas regiões Norte e Nordeste,[23] onde são comuns em sessões de cura, procedimentos como chupão, benzedura, beberagem (garrafada) e lambedor, dentre outros. Nesses rituais, as entidades espirituais são genericamente chamadas "caruanas" e recebem nomes como Jatuzinho, Ariranha, indígena Carumbé, Boto Branco, Jacarezinho, Mãe-d'água, Mestre Jarará...

O catimbó é outro herdeiro da pajelança.[24] Cultua entidades chamadas "mestres", que se dividem entre pretos-velhos (negros) e caboclos (indígenas). Tanto a pajelança quanto o catimbó são devotados à cura, apoiando-se nos poderes das plantas e dos dizeres encantatórios. Populares entre os mais pobres, aceitam e tratam males desprezados pela medicina científica, como quebranto, mau-olhado, caipora, caninga ou urucubaca, panemice (não saber o que faz), atuação (ficar aluado, meio bobo), caruara (proveniente de feitiço), espinhela caída ou peito-aberto, doença do baço, além de doenças orgânicas.

Na umbanda, alguns caboclos são nomeados por nomes de tribos, mas sua indumentária e linguagem não parecem remeter à cultura das tribos denominadas. Das 288 tribos sobreviventes, apenas quatro coincidem com nomes populares de caboclos da umbanda — Tupi, Tupinambá, Tamoios e Kiriri (Caboclo Quiri). As outras centenas de caboclos e caboclas cultuados na umbanda possuem nomes coloquiais e sincretizados como Eleonora, Guaraná, Guiné, Pele Vermelha e João da Mata. Muitos têm nomes de lugares ou forças da natureza (Sete-Ondas/Mata Virgem), de animais míticos (Cobra-Coral/Águia-Branca) e de plantas (Arruda/Coqueiro), além de objetos como flechas e penas.

Neste sentido, concordamos com a pesquisadora Diana Brown[25] quando afirma que a figura do caboclo é um tanto romantizada, mas discordamos que romances indigenistas como os de José de Alencar possam ter moldado a idealização do caboclo/indígena num contexto religioso marcado pela oralidade. O indígena, tal como se apresenta na umbanda, cultural e biologicamente miscigenado, é fruto da realidade multirracial brasileira e não das fantasias literárias do século passado. Apesar do massacre que sofreram nos últimos quinhentos anos, os povos indígenas têm milhões de descendentes mestiços se levarmos em conta o número de crianças geradas em relações inter-raciais. Através dos anos, sucederam-se gerações de pessoas que, já não sendo apenas indígenas (ou negros, ou brancos), agregam-se à maioria desprivilegiada da população brasileira. Essas pessoas trazem consigo a herança genética, cultural e espiritual de seus antepassados indígenas, embora muito esteja perdido para sempre.

A Tradição Congo

Diferentes tradições africanas participam da herança multicultural da umbanda, sendo uma das mais importantes a que veio do antigo reino do Congo.

"Descoberto" pelos portugueses em 1482, catequizado e explorado até sua total destruição política, este reino foi a principal origem dos negros enviados para o Brasil durante mais de trezentos anos.[26] A importação de seres humanos provenientes dessa região, que hoje compreende os países Gabão, Zaire, Congo e Angola, ocorreu durante toda a história do tráfico negreiro. Começou em 1517 em direção à Europa e em 1537, para o Brasil. Aumentou no século XVII e decresceu apenas no fim do século XVIII.

A presença determinante da cultura conga na umbanda e em outros aspectos importantes da vida nacional é uma consequência lógica da grande quantidade de habitantes que carrega essa descendência. Tal presença se vê na performance ritual (música, dança, transe), na pictografia (ponto riscado, simbolismo das cores) e nos elementos ritualísticos (pemba, plantas, pedras). A tradição congolesa destaca-se também em importantes elementos filosóficos, como o culto aos mortos, o culto à natureza e o dogma da reencarnação.

Sim, a crença na reencarnação e o simbolismo da cruz já existiam na África antes da chegada dos europeus. Os habitantes do Congo e regiões vizinhas sintetizavam este princípio filosófico na cosmogonia dos "Quatro Momentos do Sol", que assinalam os quatro pontos cardeais como vértices de uma trajetória circular: Kala (nascente)/ Tukula (meio-dia)/ Luvèmba (poente)/ Musoni (meia-noite). No Congo, acreditava-se que a Terra era redonda e que o Sol, como a alma humana, percorria sucessivas voltas ao seu redor. Assim, ao nascente corresponderia o momento da concepção, ao meio-dia o apogeu da maturidade, ao poente a morte e à meia-noite, o momento mais profundo do mergulho da alma desencarnada no oceano do mundo espiritual, que seria localizado embaixo dos pés, além das entranhas da Terra. Quatro cores básicas associavam-se a esse quaternário místico: a concepção na escuridão do útero era representada pelo negro; a potência máxima pelo vermelho; o vazio do corpo sem vida pelo branco, cor do luto e da morte; o momento de mais intensa espiritualidade era ligado ao amarelo, cor "verdadeira" do sol, ponto de que emana toda a inspiração e a partir do qual a alma recomeça sua eterna jornada. Essas ideias eram aplicadas a todas as áreas da vida, caracterizando a visão de mundo própria dos habitantes do Congo, que as adoravam sob o símbolo da cruz.[27]

Muito pouco é falado também sobre o enorme impacto desta mesma raiz conga sobre a cultura popular do Ocidente, seja no aspecto religioso (macumba, pallo, vodu), musical (samba, tango, mambo, rumba, *rock and roll*), ou estético (cubismo, *art nouveau*, Carnaval).[28] Há, porém, numerosas pesquisas de especialistas africanos, europeus e norte-americanos que comprovam a importância desta tradição para a humanidade no século XX. No Brasil, ela é erroneamente considerada inferior à iorubá. A maior parte dos estudiosos nem sequer a menciona diretamente, preferindo referir-se à cultura angolana sem reconhecer que, de fato, é no antigo reino do Congo que estão as origens da capoeira, das congadas, do maculelê. Foi de lá que veio o maior número de pessoas escravizadas no Brasil. Não se fala de Palmares como uma resistência conga, e quando se pretende homenagear seu legendário líder Zumbi, recorre-se à imagem de um Orixá iorubá, como é o caso do monumento da Praça Onze, no centro do Rio de Janeiro.[29]

O biótipo dos povos congos, aparentemente propenso a produzir indivíduos de baixa e média estatura, era descrito com palavras pejorativas pelos europeus que consideravam sua cultura muito "primitiva". A má compreensão da cultura desse reino está registrada em textos que relatam, por exemplo, a conversão "imediata" de seus habitantes ao catolicismo, logo após os primeiros contatos com os portugueses, tal como registrou a poesia epopeica de Luís de Camões:

> Ali o muy grande reyno está de Congo
> Por nós já convertido à fé de Christo
> Por onde o Zaire passa claro e longo
> Rio pelos antigos nunca visto.[30]

Em 1482, Diogo Cão "descobriu" o rio Congo (então chamado de rio Zaire). Notou a existência de um vasto reino chamado Mbanza Kongo, cuja ocupação geográfica era basicamente agroflorestal. Plantações e aldeias eram intercaladas por extensas áreas selvagens, entrecortadas por estradas nas quais se davam trocas e comércio com diversos povos centro-africanos, inclusive os pigmeus. A capital Mbanza, onde viviam o rei, suas esposas e a corte, era o maior centro urbano, com fervilhante atividade cultural. Em 1485, chegaram os primeiros missionários; em 1491, o rei do Congo era batizado com o nome de João; em 1493, inaugurava-se a primeira igreja católica na capital que, então, mudaria de nome para Congo da Cruz, adotando o catolicismo como religião oficial.

Tudo rápido demais para ser verdade. O povo não aceitaria a religião do colonizador tão facilmente quanto a elite o fez. Os grupos transportados para as Américas jamais abandonariam por completo sua fé e filosofia mística tradicionais. Entretanto, sua includente visão de mundo e a circunstância do exílio os levaria a adaptar sua cultura e religião aos novos ambientes em que seriam inseridos. Muitos se rebelaram contra o cativeiro, povoando as florestas brasileiras com seus quilombos. Outros permaneceram nas cidades desenvolvendo estratégias de sobrevivência em que se destacavam a indolência, a predisposição para festas e celebrações (sincretizadas com o calendário católico) e a malícia presente no samba e na capoeira. Porém, o fato de eles adorarem a cruz e incluírem Jesus, Maria, José e todos os santos em seus rituais para os antepassados parecia uma vergonhosa sujeição. Talvez por isso fossem tidos como dóceis e submissos e tratados como "os negros dos negros" além de discriminados até mesmo por outras etnias escravizadas.

A Tradição Iorubá

A tradição iorubá é, dentre as culturas africanas, a que os brasileiros melhor compreendem ou, em muitos casos, a única que consideram relevante. Pierre Verger[31] argumenta que tal predominância deve-se ao fato de este ter sido o último povo africano a chegar em massa ao Brasil, a partir do final do século XVII, o que ocorreu principalmente após 1830, quando a cidade-estado de Oyó foi vencida numa guerra. Trouxeram consigo uma elite de nobres sacerdotes, príncipes e chefes de Estado dispersos em meio à multidão. Gisèle Cossard[32] acredita que os iorubás teriam se organizado para escapar da escravidão promovendo a expansão de uma casta de negros livres que já existia anteriormente em menor escala. Apesar de ignorada pelos livros escolares e anais da história oficial, essa classe média de negros e mestiços foi muito atuante em diversas regiões do Brasil.

Informações históricas sobre as antigas cidades-estado de Ifé e Oyó, mais tarde consideradas partes do reino iorubá, estão sendo processadas a partir de escavações. Leo Frobenius[33] encontrou na atual cidade iorubana de Ilê-Ifé, entre os anos de 1910 e 1911, esculturas em metal e terracota que teriam sido construídas durante os séculos X e XI. Essas esculturas, conhecidas como "cabeças de Ifé", contrariavam tudo que até então se conhecia sobre arte africana — apresentavam dimensões naturalistas e eram feitas de uma liga metálica de bronze, chumbo e cobre. Talvez por considerá-las elaboradas demais para serem totalmente africanas, Frobenius supôs que elas tivessem alguma conexão com a arte grega, hipótese hoje descartada. Submetendo-se essas vinte cabeças esculpidas à análise de carbono 14, foi possível determinar o apogeu da civilização que floresceu em Ifé entre os séculos XII e XIV, muito embora haja indícios de que, desde o final do primeiro milênio, os iorubás já trocassem manufaturas com os árabes ao norte de seu país. Já a cidade de Oyó vivera seu período de expansão a partir do século XIV, tendo-se mantido livre da presença europeia até o começo do século XIX quando foi arrasada, e a autonomia iorubá desmantelada pela invasão colonial. Só depois disso é que os negros dessa etnia foram maciçamente escravizados.

Quando entraram pela primeira vez nas principais cidades iorubás, os europeus se admiraram com o nível de urbanização, a beleza da arquitetura e da estatuária sagrada.[34] Cada cidade era organizada em torno do culto a uma divindade específica, relacionada com algum poder ou força da natureza e com o passado mítico das dinastias reais. Durante a invasão europeia, constatou-se que aquele povo já havia desenvolvido a metalurgia, produzindo sofisticadas manufaturas.

A sobrevivência da tradição iorubá no Brasil também exigiu de seus líderes e seguidores a elaboração de estratégias sincréticas de convivência com a religião oficial. Só que, neste caso, o sincretismo não foi tão aprofundado quanto fora pelos congoleses, funcionando mais como um disfarce que os permitia uma relativa liberdade de ação para a realização de seus rituais. Esse mecanismo de disfarce fora anteriormente empregado pelos negros jejes. Vindos do antigo Daomé (atual Benin), eles antecederam a presença iorubá no Brasil. Segundo alguns estudiosos,[35] também teriam sido pioneiros em diversos atos de grande importância histórica para a diáspora africana em nosso país, incluindo a fundação das primeiras casas de candomblé na Bahia. Confrarias e irmandades de pretos foram instituições sob cuja "proteção" teriam sido organizados os primeiros candomblés baianos. Mas nos terreiros jeje-nagô, quando imagens de santos católicos aparecem em partes externas do templo, todos os fiéis sabem que o assentamento da energia está mesmo é nas pedras sagradas, veladas sob os panos e plantas dos altares, escondidos da curiosidade e do preconceito.

Ainda que os povos do Congo e do Daomé tenham chegado ao Brasil antes dos iorubás, a enorme influência desse último grupo em nosso dia a dia cultural[36] demonstra que de algum modo a sua liderança foi aceita e reforçada pelas demais etnias afro-brasileiras. Ao nosso ver, um dos fatores que contribuíram bastante para isso foi a conservação do idioma iorubá — pois é na língua que se encontra codificada grande parte das informações que constituem a identidade cultural e religiosa de um povo, e os demais idiomas africanos presentes no Brasil já se teriam fragmentado com o tempo. Além de agruparem num único templo divindades antes cultuadas separadamente em diferentes regiões da atual Nigéria, os iorubás incorporaram ao seu panteão Nanã-Obaluaiê-Oxumarê, a tríade de deuses adorados por seus ex-arqui-inimigos daomeanos, reservando também um discreto espaço para entidades de ascendência Congo-ameríndia: caboclos, pretos-velhos e Exus.

Com êxito inegável, os iorubás conseguiram fazer de seus Orixás as divindades africanas mais conhecidas no Brasil. Sete deles (Xangô, Iemanjá, Oxóssi, Oxum, Ogum, Iansã e Ibeji[37]) foram incorporados pela umbanda como líderes das sete categorias básicas (falanges) de espíritos concebidas por esta religião. Oxalá, sincretizado com Jesus, é adorado como a entidade mais elevada, numa escala ascendente de evolução espiritual; Nanã e Omolu também estão presentes, mas não é comum vê-los como chefes de falange. No candomblé, os Orixás se comunicam sobretudo pelos búzios; na umbanda, eles existem como referência arquetípica, indicando simbolicamente o tipo de energia que caracteriza um grupo/falange de espíritos que se harmonizam entre si.

Com efeito, a altivez e o orgulho dos iorubás, bem como seu talento para a promoção social de seus valores culturais e religiosos, fizeram deles um exemplo a ser seguido por toda uma multidão de descendentes de africanos, combatendo a depressão causada pelos séculos de opressão escravagista. Todavia, o exagero dessas mesmas qualidades produz injustiças históricas contra outras tradições africanas. É assim que todas as coisas belas e importantes feitas por negros neste país são sistematicamente atribuídas aos iorubás que, então, recebem as honras por façanhas cujo mérito, na realidade, não lhes pertence. Nossa intenção ao destacar esse fato é contribuir para que o legado positivo da liderança iorubá seja priorizado, apesar de haver enganos desta natureza que, conquanto velados, continuarão a existir.

2. Tradições Escritas

O catolicismo e o kardecismo são as tradições escritas que mais têm influenciado a vida brasileira e o desenvolvimento da umbanda. Ambas ganham novas cores tropicais ao serem divulgadas e vivenciadas por meio da palavra falada. Às vezes, se afastam de princípios ou simbolismos previstos em sua literatura, circunscrevendo sua significância na urgência da oralidade.

A Tradição Católica Portuguesa

A presença do catolicismo na umbanda é constatada em diferentes aspectos de seu pensamento e prática religiosos: desde a presença física de imagens de Jesus, da Virgem Maria e de numerosos santos, até níveis mais abstratos como as conceituações umbandistas baseadas no dogma cristão da caridade.

As performances ritualísticas da Igreja católica chegaram ao Brasil com Pedro Álvares Cabral, e uma das primeiras coisas que os portugueses fizeram em terras brasileiras foi rezar uma missa em ação de graças. A cena, ou pelo menos a memória dela, foi magnificamente retratada pelo pintor Victor Meirelles e, mais tarde, publicada pela casa da moeda como gravura impressa na nota de mil cruzeiros. De fato, missas, casamentos, batizados, exorcismos, procissões e outras performances da liturgia católica são eventos cujas funções e significados estão profundamente enraizados no sistema de valores da nação brasileira, desde o começo da sua história.

Em 1500, a Igreja católica portuguesa era uma das mais rígidas da Europa. Enquanto Roma se esforçava para adaptar-se às exigências de um novo tempo, agitado pelas descobertas marítimas e pela revisão da Antiguidade, Lisboa esmerava-se em preservar antigas tradições medievais. Sua liturgia, marcada pelo fantástico e pelo exagero, divulgava detalhes das tragédias e dramas da vida dos santos para a multidão de crédulos. A Igreja católica portuguesa prolongava a Idade Média, na contramão do Renascimento europeu. Foi uma das últimas a extinguir a Inquisição. As lutas contra os mouros e o esforço permanente das Cruzadas construíram um clima de guerras santas sintonizadas com as biografias dos mártires do começo da era cristã.[38] Esse catolicismo medieval, que enfatizava os santos como intermediários entre Deus e os homens, foi o que se popularizou no Brasil.

Aqui, a Igreja usou inicialmente a mesma estratégia adotada na América espanhola. Apoiava a escravidão negra para proteger os indígenas que, "livres" do cativeiro, trabalhavam como servos nas missões jesuítas. No entanto, mais tarde, também os negros viriam a ser considerados como seres possuidores de alma, em outras palavras, passíveis de conversão à fé cristã; muitos deles até já haviam sido batizados no Congo.[39] Primeiro, o catolicismo foi imposto aos escravos como religião oficial; mais tarde, porém, buscando evangelizar a crescente população de negros livres, a Igreja empregaria técnicas mais "democráticas" como a criação da irmandade dos pretos, a canonização de santos negros e mesmo a permissão de incorporação de manifestações culturais de origem africana em rituais católicos.

Todavia, essa incomum flexibilidade não decorreu de uma especial "bondade" do clero luso-brasileiro, mas da necessidade imperativa de consolidar culturalmente as bases do sistema católico-colonial-escravocrata implantado no Brasil pelos portugueses. Para que a vida transcorresse dentro da "normalidade" era necessário que todos os segmentos da sociedade reconhecessem um mesmo sistema simbólico de valores. Além de se comunicarem em um mesmo idioma, todos deveriam acreditar nos mesmos conceitos religiosos. Ao falarmos em "conceitos religiosos" estamos nos referindo a coisas tão básicas como as noções de tempo e espaço, pois mesmo os não católicos tiveram sempre que aceitar o calendário religioso cristão e viver em cidades geograficamente organizadas a partir de uma igreja matriz. Isso sem contar com a força implacável de ideias como céu e inferno, pecado e pureza — encontradas até mesmo na mente do mais ateu dos cidadãos brasileiros.

A catequese e a conversão foram ainda fatores determinantes para a contenção dos prejuízos causados pela grande mortalidade entre os escravos. Esta atuação da Igreja na sociedade nos interessa aqui em três diferentes aspectos: 1) persuadindo os fiéis a aspirarem a vida eterna no céu como prêmio por sua vida terrena em sofrimento, o aculturamento religioso promovia a aceitação, por parte do escravo, da dura realidade da escravidão, diminuindo o número de fugas, rebeliões, suicídios e abortos; 2) esse processo se efetivou por meio de transformações concretas na realidade do escravo que, como cristão, tinha o direito de folgar nos domingos e dias santos — em meados do século XIX, havia tantos dias santos que em quase metade do ano ninguém trabalhava; 3) os feriados religiosos eram ocasiões não apenas para o descanso, mas para festejos e celebrações que, de diversas maneiras, incluíam as populações afro-brasileiras — quer fosse pelo culto aos santos negros como São Benedito e Nossa Senhora Aparecida, quer pela tolerância às suas músicas e danças, genericamente conhecidas como "batuques".[40]

Com o poder de estabelecer a fronteira entre certo e errado, bem e mal, sagrado e profano, o catolicismo se tornou um verdadeiro divisor de águas na mentalidade dos brasileiros. Por um lado, ao incorporar fiéis negros e algumas de suas manifestações culturais, a Igreja contribuiu para a conservação de tradições africanas, que puderam então desenvolver-se num contexto social razoavelmente estável e pacífico, como no caso dos primeiros candomblés, cujo surgimento foi facilitado pelas irmandades de pretos. Mas, por outro lado, a conquista e a manutenção desta estabilidade dependiam de que cada grupo aceitasse como natural/correta/justa sua posição na engrenagem social. Assim, a Igreja católica promoveu uma paz social que justificava o escravismo e o genocídio cultural com base em arraigados preconceitos raciais. Embora recentemente os católicos tenham mudado suas estratégias e visões da realidade brasileira, a influência exercida no passado se faz ainda sentir no presente sob a forma de ideias que constituem uma espécie de senso comum nacional. Assim, considera-se normal a superioridade cultural de indivíduos de origem europeia, a inferioridade dos descendentes de africanos e a inapta pureza dos indígenas. Sendo tão importantes para a constituição da cultura e da sociedade brasileiras, estas ideias não poderiam deixar de fazerem-se refletir na umbanda porque, afinal de contas, a umbanda é a cara do Brasil.

A Tradição do Espiritismo Kardecista

O kardecismo é a segunda tradição escrita mais importante na formação da umbanda, influenciando tanto o estilo de textos e discursos quanto o conteúdo conceitual e filosófico da religião. Os livros de Allan Kardec são a referência literária mais citada quando se trata de explicar as origens de ideias fundamentais como a reencarnação, a lei do karma e a evolução espiritual adquirida pela prática do dogma cristão de amor ao próximo. Formalmente, também, a obra de Kardec contém a matriz do tom racional-científico que aparece na retórica e na literatura umbandista, mesmo quando as informações veiculadas baseiam-se exclusivamente na fé.

Allan Kardec nasceu na França, batizado como Hyppolite Léon Denizard Rivail. Somente aos 51 anos, após ter escrito vários livros acadêmicos, entrou em contato com o espiritualismo que, nos anos de 1854 e 1855, estava fazendo um enorme sucesso nos Estados Unidos e na Inglaterra com demonstrações de mesas movidas pela força dos espíritos. Na mesma época, os famosos telégrafos do espírito invadem a França. Convencido da autenticidade desses fenômenos, Rivail passou a ser o codificador do que denominou espiritismo, em vez de espiritualismo. Adotou o nome Allan Kardec, que lhe fora dado em sua encarnação anterior, em que vivera como um druida na antiga Gália.[41] Mesmo ditado psicograficamente por um druida, o kardecismo incorporou ideias contemporâneas de Rivail, entre elas o positivismo de August Comte e o evolucionismo de Charles Darwin. A nova doutrina também procurou conciliar razão e fé pelo estudo científico de fenômenos espirituais e da prática sistemática da caridade. De acordo com seus ensinamentos, a vida transcorre num universo temporal e causal em que cada um recebe de volta hoje os resultados das próprias ações passadas, criando-se um contexto em que o egoísmo é a fonte de todos os males e a caridade a fonte de todas as bênçãos. Do mesmo modo, o kardecismo enfatiza o livre-arbítrio e a força de vontade como peças-chave no caminho da espiritualização da espécie humana. Todas essas considerações são vistas como consequências lógicas da eternidade da alma, cuja realidade é, para Kardec, dedutível a partir da observação metódica de fenômenos mediúnico-espirituais.

No Brasil, o kardecismo teve de adaptar-se a um contexto multicultural em que predominavam o catolicismo e a oralidade. Essa transformação se destaca pela "adoração" de Kardec como "santo" e por curas e cirurgias mediúnicas em cerimônias capazes de atrair multidões. A aproximação de alguns grupos com o catolicismo é tão grande que eles são chamados de kardecistas evangélicos.[42] Há também os kardecistas intelectuais, geralmente oriundos das médias e altas camadas da sociedade, incluindo-se aí um grande número de educadores, profissionais de saúde e profissionais liberais.[43] Entre eles observa-se maior sincretismo em direção ao esoterismo, espiritualismo e outras tradições ocultas vindas do continente europeu. No tocante às tradições orientais, com as quais Kardec aprendeu os princípios da lei do karma (cuja versão ocidentalizada ele apresenta em seus livros), também elas estão mais intensamente associadas ao kardecismo no Brasil do que na Europa. Embora as Escrituras Vedas tenham sido para Kardec a principal fonte de princípios da filosofia oriental,[44] há grupos de kardecistas no Brasil que se reúnem para receber mensagens psicografadas de mestres chineses, indianos ou ciganos.

Quanto às tradições africanas e ameríndias, porém, a história é outra. Historicamente, kardecistas brasileiros estabeleceram com ambas uma relação ainda mais discriminatória do que aquela adotada pela Igreja católica, considerando que espíritos de negros e indígenas fossem involuídos e carentes de luz. Embora Kardec não tenha escrito nenhuma palavra diretamente a respeito da inferioridade espiritual de qualquer raça humana, a leitura que muitos dos seus seguidores brasileiros fazem de sua obra atribui a ele comentários sobre indígenas e negros como espíritos atrasados, embrutecidos ou materialistas. Mas se os indígenas são beneficiados devido à sua suposta inocência infantil, os negros já não podem contar com a mesma indulgência. Iletrados e subdesenvolvidos, os descendentes de africanos são frequentemente mencionados como causadores (e não vítimas) da maioria dos problemas espirituais e culturais que afligem a nossa sociedade. Nesse contexto, os rituais afro-ameríndios são indiscriminadamente chamados de magia negra, por se considerar que a pessoa de origem africana ou indígena tem que aceitar a superioridade cultural ocidental, buscando-a como ideal, se quiser evoluir espiritualmente. O descaso da "ciência espírita" a respeito das tradições orais é tão evidente que seus seguidores dificilmente se dariam ao trabalho de estudar, por exemplo, a cultura do antigo reino do Congo. Se o fizessem descobririam que lá, bem antes do nascimento de Kardec e da chegada do cristianismo, o dogma da eterna jornada da alma já era adorado sob o símbolo da cruz.

Como católicos e protestantes, kardecistas também dedicam boa parte do tempo à conversão de pobres, necessitados ou pagãos que se encontrem em sua esfera de atuação — mas não consideram suas sessões de passes e desobsessão como rituais. Todavia, vários tipos de passes e descarregos dos rituais de umbanda demonstram clara influência das "sessões" kardecistas. A desvalorização conceitual dos aspectos performáticos/litúrgicos no kardecismo talvez tenha facilitado a interação desta doutrina com tantas tradições diferentes, incluindo aquelas consideradas tão inferiores. Tanto que uma sessão de espiritismo kardecista e uma de umbanda de mesa se confundem visualmente, mas um observador atento perceberá, por exemplo, que na umbanda os rituais são cheios de música e que seu vocabulário específico pertence a uma língua portuguesa coloquial, apresentando variações denotativas da influência de culturas e idiomas não ocidentais. Outra diferença marcante é que na umbanda vivos e mortos são aceitos do jeito que são — há espaço para a convivência entre as mais diversas heranças étnicas e culturais. Qualquer um é considerado digno de receber ou apto a praticar a caridade. É assim que, na umbanda, acontecem coisas inusitadas como o espírito de uma prostituta aconselhar uma pacata dona de casa sobre como obter e proporcionar mais prazer no sexo. O mais interessante é que prestar esse tipo de ajuda também conta pontos na escala umbandista da evolução espiritual.

3. Outras Tradições

Se as tradições orais e escritas, estudadas anteriormente, podem ser claramente percebidas na umbanda, mesmo aos olhos de um observador leigo, existem outras tradições cuja influência é mais discreta, cujos elementos encontram-se dispersos em meio à religião. Tais tradições requerem uma pesquisa mais elaborada para tornarem-se visíveis. Mesmo sem dispormos de informações suficientes para abordar com mais precisão as relações entre essas outras tradições e a umbanda, nos sentimos obrigados a citá-las aqui. Destacamos a tradição dos malês, da maçonaria e dos ciganos; tradições orientais como o budismo, o hinduísmo e o confucionismo; além da existência de pelo menos um centro de umbanda traçado com judaísmo[45] e do recente cruzamento entre umbanda e vegetalismo. É possível encontrar vestígios de todas essas fontes no caldeirão multicultural da umbanda, ainda que em setores muito específicos da sociedade.

A Tradição Malê

A tradição malê, ou muçulmana, é composta no Brasil pela fusão de várias tradições orais africanas (haussás, mandingas, iorubás, jejes) com a tradição escrita árabe, contendo ensinamentos do Alcorão.

A cultura maometana, incorporada pelos habitantes da África subsaariana, foi trazida por eles para o Brasil. Os malês adotaram a língua árabe para lerem as escrituras sagradas do profeta Alá, mas não deixaram de professar as suas magias nativas, as quais foram sincretizadas com o islã. Alguns de seus procedimentos mágicos, descritos por Manoel Querino, nos parecem, entretanto, bem pouco ortodoxos em relação à doutrina revelada pelo Profeta Maomé, uma vez que exibem traços da tradicional magia africana:

> Para destruir qualquer malefício possuía o malê pequeno patuá ou bolsa que trazia no pescoço, contendo uma oração em poucas palavras, a qual era encimada por um polígono estrelado regular de cinco ângulos, vulgarmente conhecido por "signo-de-salomão". E assim, diziam eles, ficavam imunes de toda feitiçaria.[46]

Os negros malês eram também muito solidários entre si, e defensores da própria liberdade. Foram famosas suas revoltas na Bahia em meados do século XIX, motivo do banimento deste grupo pela coroa portuguesa.

A Maçonaria

A maçonaria está intimamente ligada à nossa história e parece estar deliberadamente inserida nas grandes transformações político-sociais do continente americano, entre as quais destacamos os movimentos de independência do Brasil e dos Estados Unidos, cujos líderes eram maçons.

A maçonaria é uma entidade apolítica que congrega membros de diversas raças e religiões em torno de princípios ético-filosóficos herdados do mais clássico ocultismo europeu. Seu principal objetivo é promover a emancipação por meio do aperfeiçoamento humano; só há envolvimento em revoluções quando se trata de defender a liberdade, a justiça e a tolerância. Os maçons são também chamados pedreiros-livres, numa menção aos antigos membros que se dedicaram, como arquitetos ou operários, à construção das catedrais góticas na Europa, como as de Estrasburgo, Chartres e Notre-Dame.

É bem possível que diversos elementos esotéricos tenham sido incorporados pela umbanda pelo contato com a maçonaria. O perfil histórico desta fraternidade e os objetivos a que se dedica nos permitem supor que alguns maçons tenham atuado de forma discreta, mas decisiva, no processo de formação dessa emergente e multicultural religião brasileira baseada na caridade e na tolerância.

Os Orientais

A influência de tradições orientais na umbanda é bem forte nos centros que cultuam a Linha do Oriente. Os elementos orientais mais visíveis são aqueles herdados do budismo, hinduísmo e confucionismo.

Identificado na imagem bonachona do Mestre Buda, que a todos abençoa com ares enigmáticos, o budismo se faz presente nos rituais de umbanda por meio das oferendas de frutas (especialmente maçãs) e pela aplicação dos ensinamentos de amor incondicional e da tranquila aceitação das vicissitudes irreparáveis da vida, não apenas como purgação de pecados passados, mas como reveladoras de ensinamentos espirituais.

Da filosofia hindu incorporaram-se à obra de Kardec os fundamentos da lei do karma, conforme consta das Escrituras Vedas, às quais o espírita francês teve acesso antes de formular sua doutrina. Mais recentemente, elementos da ioga têm sido igualmente absorvidos pela umbanda de tendência mais esotérica, epitomizados em técnicas para a desobstrução dos sete chacras.

Do confucionismo, percebe-se a influência de conceitos como o Tao, ou caminho do meio, a ser alcançado pelo equilíbrio entre os opostos; a isto soma-se o uso do I-Ching, tradicional oráculo chinês, em sessões de consulta divinatória.

Os Ciganos

Os ciganos são fiéis de muitas religiões. Este grupo se identifica por traços étnico-culturais comuns, dentre os quais a oralidade e o nomadismo são os que mais contribuem para as histórias e mitos que fazem deste povo uma verdadeira lenda viva. Santa Sara Kali e Nossa Senhora Aparecida são muito queridas por todos e alvo de grande devoção, independentemente da religião de cada um.

Insubmissos, os ciganos foram perseguidos por poderosos tiranos de todos os continentes. Sua forma anarquista de viver, inadaptada a rígidas estruturas sociopolíticas, foi muitas vezes entendida como ameaça à estabilidade do Estado. Não há registros em livros ou documentos sobre a origem deste povo, sendo por vezes considerado proveniente do norte da África (antigo Egito), Índia, Leste Europeu e Península Ibérica.

Conhecidos no passado como uma tribo de músicos e adivinhos, eles atribuem às mulheres a missão de desvendar o destino, pela leitura das mãos e das cartas do baralho cigano, e de nele interferir por meio da poderosa magia cigana. Sua má fama de ladrões e trapaceiros pode ser devida ao choque cultural com os europeus, o que os levou a fazer uso da esperteza e da sedução para sobreviver. Talvez isso justifique a forte presença de entidades ciganas nas giras dos Exus.

O Vegetalismo

Sob o nome genérico de vegetalismo incluímos aqui todas as práticas ritualísticas em que a incorporação de espíritos, para fins de adivinhação, cura ou simples celebração religiosa, é combinada com a ingestão de substâncias vegetais expansoras de consciência, também conhecidas como "plantas do poder". Ingeridas na forma de bebida ou usadas como fumo, essas plantas são tradicionalmente utilizadas por tribos ao redor do mundo como auxiliares no processo xamânico.

Na umbanda, a influência vegetalista é provavelmente herdada das práticas xamânicas afro-ameríndias. Sabe-se que o uso de macaia/diamba (maconha) e psicotrópicos (álcool ou outras bebidas) para estimular a vidência era comum entre os povos bantos.

A *ayahuasca*, raiz há muito utilizada pelos povos ameríndios, é hoje a mais importante "planta do poder" associada aos rituais umbandistas, sobretudo na região amazônica. Misturada à "folha da rainha", a *ayahuasca*, ou jagube, participa da composição do Santo Daime, bebida que estimulou a organização de vários grupos místico-religiosos em torno de seu consumo, ao longo deste século no Brasil. Alguns deles performam rituais muito próximos às giras umbandistas de caboclos, pretos-velhos e sereias.

A Medicina Popular

Chamamos de medicina popular todas as práticas que conduzem à cura por vias místico-espirituais: as milhares de cirurgias mensais performadas pelo Dr. Fritz; as operações sem cortes do médium Waldemar Coelho, a que se submeteu, a atleta Ana Mozer; os tratamentos com agulhas do Dr. Hans em Minas Gerais. Todos esses exemplos são considerados curas milagrosas, pois são incisões cirúrgicas sem anestesia e sem dor realizadas através de energizações pela imposição das mãos e por remédios da flora medicinal para males do corpo, da mente, do espírito e do coração.

Numa perspectiva ampla, todos os muitos caminhos que levam à cura, com exceção da oficial medicina acadêmica, podem ser considerados como pertencentes ao vasto conjunto da medicina popular. A enorme quantidade de brasileiros desprovidos de cuidados médicos mínimos — a maioria absoluta da população — engrossa as filas da numerosa clientela ávida por serviços médicos eficazes e praticamente gratuitos. A medicina popular incorporada aos rituais de cura da umbanda provém das mais diversas tradições, combinando passes, rezas e benzeduras universais com preciosos conhecimentos afro-ameríndios sobre a flora medicinal tropical. Além de adaptar técnicas e recursos da tradicional medicina ocidental (injeções, cirurgias) e oriental (acupuntura, ervas).

Notas da Parte I

1. Este conceito é desenvolvido detalhadamente por Walter J. Ong em *Orality & Literacy: The Technologizing of the Word* (2nd ed. New York: Routledge, 2002).
2. Milman Parry revelou sua descoberta em 1928, em sua dissertação de doutorado em Paris. Seu filho, Adam Parry, dando continuação à sua obra na Universidade da Califórnia, em Berkeley, foi o grande responsável pela divulgação de seu trabalho. Idem. p. 21.
3. Eric A. Havelock (1963) prova que a *Ilíada* e a *Odisseia* foram os primeiros textos longos a serem registrados por escrito.
4. Para o linguista Lucien Lévy-Bruhl — *Les fonctions mentales dans les sociétés inférieures* (1910) e *La mentalité primitive* (1921) —, o pensamento dos povos primitivos/ágrafos era pré-lógico e mágico por fundamentar-se em sistemas de crenças, e não na realidade prática.
5. Era a visão de Franz Boas, autor de *The Mind of Primitive Man* (1922), mestre de Margaret Mead e opositor de Bruhl.
6. Embora o idioma mais falado seja, de fato, o chinês.
7. Como Debret, Rugendas, Spix e Martius.

8. Tais como Melville Herskovits, Roger Bastide, Claude Lévi-Strauss e Victor Turner.
9. Dentre os autores deste grupo, os que mais nos influenciaram foram: o queniano Ngũgĩ wa Thiong'o, o congolês K. Kia Bunseki Fu-Kiau e o nigeriano Isidoro Okpewho — nomes de peso no processo de "descolonização da mente", que está ganhando força nos meios intelectuais de antigas colônias europeias. A descolonização da mente é o assunto central da obra *Decolonising the mind*, op. cit.
10. "Considerar que povos ágrafos são essencialmente ininteligentes e que seus processos mentais são rudes é o tipo de pensamento que, por séculos, levou os acadêmicos a assumir falsamente que, por serem tão rebuscados, os poemas homéricos têm que ser basicamente composições escritas." (ONG, op. cit., p. 57).
11. Lucien Lévy-Bruhl (1923) concluiu que o raciocínio das sociedades "primitivas" era "pré-lógico ou mágico" porque se fundamentava em sistemas de crenças e não na realidade prática. Um de seus principais oponentes foi Franz Boas, orientador de Margaret Mead, que afirmava que os iletrados pensavam como nós, porém usando um diferente espectro de categorias. Mais tarde, o pesquisador russo A.

R. Luria revelou em seu trabalho que o raciocínio dos povos ágrafos é situacional e não categorizado, organizando-se de uma forma totalmente distinta do pensamento analítico. Entretanto, até hoje persiste a tendência de considerar o analfabetismo como sinônimo de ignorância ou burrice.

12. ONG, op. cit., p. 57.
13. "O pensamento e a expressão de formulação oral penetram fundo na consciência e na inconsciência, eles não desaparecem tão logo aquele que se acostumou a eles segura uma caneta nas mãos." (ONG, op. cit., p. 26).
14. O conceito da existência de "fórmulas" cuja repetição seria a base da composição oral é desenvolvido por Adam Parry na introdução e notas da obra em que ele reúne e analisa os artigos de seu pai Milman Parry sobre os poemas homéricos: *The Making of Homeric Verse: Milman Parry's Collected Papers*, Clarence Press, Oxford, 1971; e também pelo linguista David E. Bynum, em *The Daemon of the Woods: A Study of Oral Narrative Patterns* (Cambridge, Mass.: Center for the Study of Oral Literature, 1978), distribuído pela Harvard University Press.

15. Mais detalhes em *Umbanda: paz, liberdade e cura*, de Zeca Ligiéro e Dandara. Record/Nova Era, 1998.
16. Por isso, os não adeptos têm dificuldade em compreender a ordem dos muitos fatores que compõem o texto de uma publicação umbandista. Há casos em que inexiste índice; frequentemente, os títulos específicos dos livros não correspondem ao seu conteúdo, que tende a ser generalizado, e o critério usado na divisão dos capítulos é, muitas vezes, ininteligível. Para o fiel umbandista, entretanto, tópicos mais diversos — como desenvolvimento mediúnico, hierarquias de espíritos, ensinamentos de líderes ou mestres assensionados, contestações e protestos contra correntes umbandistas "rivais", pontos cantados e riscados — adquirem sentidos múltiplos conforme as situações pessoais vividas no exercício da religião.
17. ... que, além de não serem bobos, são subsidiados pelo poder, especialmente quando se trata de criar histórias em honra a reis e governantes. Esse estilo bastante característico da oratura é definido por Okpewho como *praising* — um tipo de composição elogiosa encomendada aos contadores de histórias pelos

reis e chefes tribais em ocasiões comemorativas. O estilo elogioso muito se assemelha aos nossos bem-conhecidos sambas-enredo das escolas de samba.
18. EWBANK, Thomas. *Life in Brazil: a Journal of a Visit to the Land of the Cocoa and the Palm*. New York: Harper & Brothers, Publishers, [1856] 1971. p.131.
19. OKPEWHO, Isidore. *African Oral Literature*. Bloomington / Indianapolis: Indiana University Press, 1992.
20. DECELSO, Celso Rosa. *Umbanda de caboclos*. Rio de Janeiro: Editora Eco, 1967. p. 67-68.
21. Estamos criando o verbo "performar", pois acreditamos que ele é útil para descrever todas as ações que ocorrem na performance do ritual. O estudo da performance tem sido objeto de análise para importantes escritores como Victor Turner, Richard Schechner, entre outros.
22. BÔAS, Orlando Villas; BÔAS, Cláudio Villas. *Xingu: os índios e seus mitos*. São Paulo: Zahar, 1975.
23. BASTOS, Abguar. *Os cultos mágico-religiosos no Brasil*. São Paulo: Hucitec, 1979. p.195.
24. O catimbó apresenta também forte influência Congo.

25. BROWN, Diana DeG. *Umbanda: Religion and Politics in Urban Brazil*. Michigan: University of Michigan Press, 1986.
26. CUVELIER, Jean. *L'ancien royaume du Congo*. Bruges, Paris: Desclée de Brouwer, 1946.
27. THOMPSON, Robert Farris; CORNET, Joseph. *The four moments of the sun*. Washington: National Gallery of Art, 1981.
28. THOMPSON, Robert Farris. *Flash of the Spirit: African & Afro-American Art & Philosophy*. New York: Vintage, 1984.
29. O monumento a Zumbi é o primeiro oficialmente erigido a um líder negro de projeção nacional de que temos notícia em território brasileiro. Os pesquisadores Daniel Dawson e Henry Drewal avalizam que a tatuagem em forma de cicatrizes transversais na face da "cabeça de Ifé" escolhida pelo governo do Rio para representar Zumbi são típicos da estatuária iorubá. Porém, no século XVII, época em que floresceu Palmares, ainda não havia uma importação maciça que justificasse a supremacia cultural deste grupo sobre as demais etnias africanas. O mesmo ocorre em relação ao período em que viveu Xica da Silva, em que as evidências também apontam uma hegemonia banto. Indiferente a tudo isso, as representações oficiais de per-

sonalidades históricas como Zumbi e Xica da Silva são ambientadas em contextos culturais pontuados pela presença dos orixás iorubás.
30. CAMÕES, Luís de. *Os Lusíadas*.
31. VERGER, Pierre. *Fluxo e refluxo do tráfico de escravos entre o golfo do Benin e a Bahia de Todos os Santos dos séculos XVII a XIX*. Salvador: Corrupio, [1968], 1987.
32. Gisèle Binon Cossard, Ialorixá Omindarewá, no prefácio de *Iniciação ao candomblé*, de Zeca Ligiéro. Rio de Janeiro: Record/Nova Era, 1993.
33. ATANDA, Joseph. *An introduction to yoruba history*. Ibadan: Ibadan University Press, 1974. p.7.
34. STONE, Richard. *In Africa's Forest and Jungle: Six Years Among the Yorubans*. New York: Fleming H. Revell, 1899. p. 20-3.
35. PEREIRA, Nunes. *A casa das minas: contribuição ao estudo das sobrevivências daomeianas no Brasil*. Petrópolis: Vozes, 1979.
36. Ver o capítulo de Zeca Ligiéro, "O Candomblé Nosso de Cada Dia", em *Iniciação ao Candomblé*, op. cit.
37. Como tudo na umbanda, há variações no que diz respeito à liderança e constituição das falanges. Em alguns terreiros, Iansã não é líder

de falange; em outros, em vez dos Ibeji, a sétima falange é a do Povo do Oriente ou a Falange do Povo das Almas, chefiada pela entidade Yorimá. Os autores deste livro adotam uma combinação das divisões de falange reproduzidas pelos autores W.W. da Matta e Silva e Olga Cacciatore.

38. MASCETTI, Manuela Dunn. *Saints: the Chosen Few*. New York: Ballantine Books, 1994.
39. CUVELIER, Jean. *L'ancien royaume du Congo*. Bruges, Paris: Desclée de Brouwer, 1946.
40. EWBANK, Thomas. *Life in Brazil: a Journal of a Visit to the Land of the Cocoa and the Palm*. New York: Harper & Brothers Publishers, [1856] 1971.
41. CANIZARES, Raul. *Walking with the night: the Afro-Cuban World of Santeria*. Rochester, Vermont: Destiny Books, 1993.
42. Em Diane Brown, op. cit.
43. HESS, David. *Spirits and scientists: Ideology, Spiritism, and Brazilian Culture*. Philadelphia: Pennsylvania State Univ Pr, 1991.
44. PRABHUPADA, A.C. Bhaktivedanta Swami. *Coming back: the Science of Reincarnation*. Los Angeles / Londres / Paris / Bombaim / Sydney. Hong Kong: The Bhaktivedanta Book Trust, [1982], 1985.

45. Diane Brown (1986, p. 88) menciona o Centro que fica localizado em São Paulo.
46. QUERINO, Manuel. *Costumes africanos no Brasil*. Rio de Janeiro: Funarte, 1988. p. 70.

PARTE II

Criando a Umbanda

Este capítulo resume nossa compreensão do processo autocriativo da religião umbandista. A ênfase agora recai sobre dois modos de relacionamento entre as diversas tradições e os princípios que as ordenam. Percebemos uma corrente positiva e progressista que promove na umbanda associações de ideais comuns entre as diferentes tradições. Reconhecemos também a corrente inversa, retrógrada, que dissocia essência e aparência, "reidentificando" diversas manifestações da umbanda ao sabor de hierarquias socioculturais nada religiosas. Ao expormos essas duas faces, acreditamos contribuir para que o leitor desenvolva uma visão própria e dialética sobre esse duplo processo formativo.

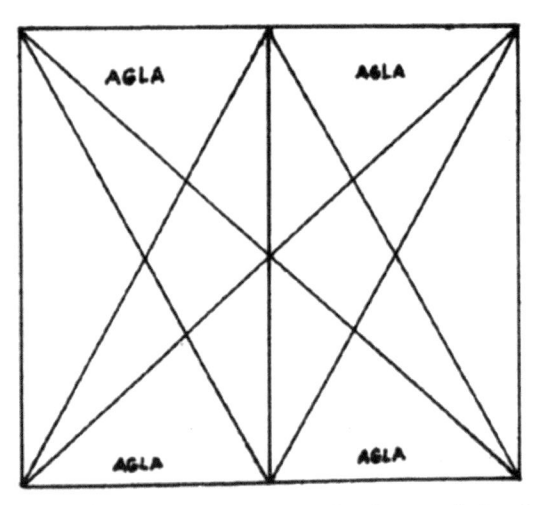

Forma cabalística de São Cipriano na umbanda, segundo *O antigo e verdadeiro livro gigante de São Cipriano*. Editora Eco, Rio de Janeiro.

1. Processos dinâmicos de formação

> Nossos propósitos objetivam a aproximação crística entre os valores doutrinários de todos os espiritualistas de boa vontade, o Cristo é um estado pleno de amor e de associação divina; é radiosa fisionomia espiritual destituída de rugas sectárias.[1]

Este pensamento, retirado do livro *Umbanda cristã e brasileira*, expressa a visão universalista de seus autores sobre a constituição multicultural da umbanda e sua missão libertadora e ecumênica. Ressaltando o Cristo como "um estado pleno de amor de associação divina" — tão radiosamente espiritualizado que permite a aproximação "entre os valores doutrinários de todos os espiritualistas de boa vontade" sem a interferência negativa de ultrapassadas "rugas sectárias"—, o autor destas linhas projeta a possibilidade de um humanismo sem fronteiras. Ao mesmo tempo, considerando o sectarismo uma reminiscência, ele propõe a colaboração entre os povos e a integração entre diversas formas de compreender o mundo (valores doutrinários), em um nível jamais ousado na história da humanidade.

Essa abrangência se traduz na prática por uma enorme variedade de formas de se fazer, observar e explicar a umbanda. As definições disponíveis, elaboradas conforme diferentes pontos de vista, atestam a pluralidade ritual e conceitual da religião como uma de suas características mais marcantes, juntamente com a caridade e o sincretismo:

> Umbanda: Religião formada no Brasil (...) por uma seleção de valores doutrinários e rituais, feitos a partir da fusão dos cultos africanos Congo-Angola, já influenciados pelo nagô, com a pajelança, sofrendo ainda influência dos malês islamizados, do catolicismo e do espiritismo e, posteriormente, do ocultismo.[2]

A primeira, e difícil, tarefa dos que se iniciam nos estudos da umbanda é discernir entre tantas diferentes influências que se encontram imbricadas em sua constituição. Na década de 1950, terminado o Estado Novo e as perseguições da ditadura Vargas contra as religiões afro-brasileiras, a umbanda cresceu em todo o país. Era considerada por intelectuais como a primeira religião genuinamente brasileira, cuja mitologia engendrava o tipo nacional pela fusão das heranças ameríndias, africanas e europeias. É claro que essa abordagem pode ficar muito mais complicada se começarmos a querer especificar quais são, exatamente, as nações indígenas, africanas ou ocidentais mais atuantes neste ou naquele terreiro. Mas os autores deste livro ficará satisfeito se os leitores puderem, ao término da leitura, identificar genericamente elementos relativos à herança do negro, do branco e do indígena.

O elemento indígena na umbanda é o mais romanceado e o menos conhecido e explicado. Discutindo a figura do caboclo no candomblé Angola,[3] Gisèle Cossard assim vê a integração do indígena no conjunto da população brasileira:

> Procurando-se atentamente nas origens dos brasileiros do povo, vê-se que o índio pode ser encontrado na geração precedente, ou naquela que preceder a esta. Um grande

número de pessoas interrogadas lembrava-se de uma mãe, uma avó, uma tia-avó, cujos costumes eram sensivelmente diferentes daqueles dos outros membros da família. Eles se recordam que ela não suportava ficar reclusa em um só cômodo, não comia mais do que carne crua, dormia numa rede, portava uma saca cheia de frutas e recolhia raízes de plantas selvagens. Incapaz de se habituar à alimentação do resto da família, ela preferia caçar ou pescar para nutrir-se, fumar e mastigar tabaco, dedicar-se a trabalhos de artesanato (...) Ela conhecia o segredo das plantas medicinais, o que lhe permitia combater os males causados por insetos, sanguessugas e serpentes.[4]

Refletindo sobre como teria ocorrido essa integração física, cultural e religiosa das populações e tradições indígenas com o "resto" do povo brasileiro, ela continua:

É no âmbito do mais humilde, ao nível do escravo de outrora, e naquele de seu descendente emancipado de nossos dias, que a fusão se realiza, mesclando os objetos, os mitos e as lendas. É nessas mesmas condições que esta se realiza hoje, bem dentro das áreas de povoamento mais recente. Encontra-se registro disso no filme que a Sra. Maria Isaura Pereira de Queiroz apresentou ao Instituto da América Latina, em que os índios da vizinhança saem da floresta e vêm ao vilarejo participar de uma festa local — primeira etapa da integração.

Esse tema do sincretismo afro-ameríndio, quando aprofundado, conduzirá muitas vezes à observação de coincidências entre as tradições dos dois continentes, especialmente no tocante à percepção e interação com a natureza. Diane Brown transcreve em sua obra[5] uma citação da revista *Macaia* (outubro, 1968), na qual está publicado o seguinte trecho do livro *Uma religião genuinamente brasileira*:

> Qualquer um que conhece alguma coisa de folclore brasileiro sabe que, da mesma maneira que o negro é convencido de que as águas, as florestas e as pedreiras são governadas por seres sobrenaturais, o índio também possui a mesma crença.[6]

O líder indígena Davi Kopenawa, durante sua palestra no fechamento da Amazon Week 1995, em Nova

York,[7] referiu-se às forças sagradas das montanhas, dos ventos e das águas como "Xabori" — conceito que se aproxima das concepções africanas de Inquice, Vodun e Orixá. Por outro lado, esse mesmo estudo pode levar-nos à constatação de que, na verdade, muitas das faces tidas como exclusivamente ameríndias na umbanda são, de fato, "reinterpretações" brasileiras das culturas florestais africanas. Nesse campo, florescem muitas controvérsias. A realidade religiosa e humana da umbanda é múltipla e imprevisível, como se vê nas histórias que passaremos a narrar.

Do catimbó à umbanda, uma história:
Em 1947, durante um transe numa sessão espírita, os mestres do catimbó se manifestaram para lembrar o pernambucano Octaviano da Silva Lopes de "compromissos" que ele havia assumido com o catimbó em Pernambuco, ainda menino, e dos quais ele havia se esquecido:

> (...) aos três anos de idade, portanto em 1911, fui levado pela primeira vez, não sei se por doente, a uma residência no bairro de Casa Amarela (que era até meados de 1925 considerado o forte do catimbó), onde se realizavam reuniões sob a direção de um grande "mestre do catimbó", que era chama-

> do de Dom Domício da Gama. E ali, secretamente, com a assistência de meia dúzia de pessoas, "baixava" o Mestre Carlos da Jurema em Dom Domício, que, aliás, era o único médium de incorporação. (...) Assim que ele "baixou", após saudar o "Grande Arquiteto do Universo", ao Mestre dos Mestres, Santo Antônio, Nossa Senhora do Carmo (padroeira do Recife) etc., deu um "salve" geral, perguntou aos circunstantes: "Cadê o meu filho?" Após várias indagações, soube-se que ele me chamava. Diga-se de passagem que o médium mantinha-se de olhos fechados durante toda a manifestação.
> Fui levado à sua presença, e ele, abraçando-me, declarou que tinha uma tarefa para ser realizada por mim, e frisou que não se tratava de uma missão. Naquela ocasião não entendi bem os fatos, as coisas e as palavras — senão muito tempo depois.[8]

Octaviano conta que foi preparado catimbozeiro, e que o Mestre Carlos da Jurema, em outras reuniões, fez baixar em outros dois médiuns os Mestres Zé Pelintra e Caboclo Remisso. Essas duas entidades lhe foram apresentadas como seus guias espirituais e passaram a dar-lhe assistência. Após essa revelação,

Octaviano entendeu que sua tarefa era fundar o seu próprio catimbó, o que fez em São João de Meriti. Mas, longe do contexto do Recife e naturalmente acrescido da bagagem religiosa que havia adquirido ao longo da vida, não era mais possível fazer o catimbó do Nordeste: "Tivemos que não fazer o catimbó puro, o misturamos com a umbanda e nagô."

Catimbó, na definição de Octaviano, é "bruxaria sem recorrer ao diabolismo medieval, é a parte não oficial, não ritualística das religiões africanas, ameríndias e europeias."[9] Ambas as definições não deixam dúvidas quanto à importante presença ameríndia e africana. Isto é exemplarmente representado na iniciação de Octaviano pelas figuras de Zé Pelintra e do Caboclo Remisso. O catimbó, como a macumba, tem registros comprovados de sua existência desde o final do século passado, fornecendo importantes dados sobre as trocas e intercâmbios entre tradições mágicas e religiosas eminentemente orais. Podemos entendê-las como inter-relações culturais que antecederam a umbanda e que criaram condições favoráveis a seu surgimento e desenvolvimento.

Da macumba à umbanda: outra história

Apesar do cabelo louro e dos olhos azuis, ele gostava mesmo era do samba dos negros da Mangueira. Músico, cantor e compositor, começou a carreira no início dos anos 30. Fora muitas vezes à Rádio Nacional em busca de trabalho. Como não tinha telefone, deixava o número do bar que frequentava, caso surgisse alguma oportunidade. Mas entre os recados que recebia, nenhum vinha da Rádio Nacional. Desesperado, começou a frequentar uma macumba próxima, localizada num morro de sua vizinhança, passando a consultar-se com Pai Joaquim Mina, um preto-velho que lhe disse: "Suncê ainda vai ser conhecido no mundo inteiro. Mas num espera a caixa-preta (o telefone) não, fio. Vai lá. Eles vão falá com suncê antes mesmo de suncê falá com eles!" No dia seguinte, lá ia o cantor todo engravatado descendo o bonde para a cidade. Já na fila do elevador, encontrou o diretor artístico da Rádio Nacional, que foi logo dizendo: "Como que é? O Russo não quer trabalhar, não? O contrato tá lá em cima te esperando há duas semanas." Foi aí que o Russo, aliás Herivelto Martins, assinou o seu primeiro contrato como músico da Rádio Nacional. Alguns anos mais tarde, Herivelto fundava com a sua esposa Dalva de Oliveira e o carioca Nilo Chagas o legendário Trio de Ouro — um dos mais famosos grupos vocais da época no Brasil. A partir dessa prova concreta, Herivelto se converteu às religiões afro-brasileiras atendendo às consultas dadas por Pai Joaquim no mesmo pobre barracão do médium Barbosa, que nunca pôde construir o centro que lhe pedira o preto-velho.

Muitos anos se passaram, Herivelto se separou de Dalva e se casou com a católica Lourdes. Enquanto o marido frequentava as sessões no barracão de Barbosa até tarde da noite, Lourdes preferia permanecer no carro dormindo. Quando Barbosa, o médium que recebia o Pai Joaquim Mina, fez a passagem, um impasse surgiu, pois ele não conseguira construir um barracão exclusivo para os rituais, missão que Pai Joaquim lhe havia confiado. Herivelto tomou para si o encargo de construir o centro e passou a liderar o grupo de fiéis em torno dos ensinamentos de Pai Joaquim. Entretanto, não tinha poderes mediúnicos. Feita a consulta para apurar quem receberia o espírito benfeitor dali por diante, a resposta foi inesperada: Lourdes, que desconhecia a própria mediunidade, fora a escolhida. Ela aceitou a missão e, em poucas semanas, foi preparada para "receber" o espírito do Pai Joaquim. Pai Joaquim, porém, jamais possuiria o corpo de Lourdes como fizera com o médium Barbosa, passando a comunicar-se por meio da manipulação do copo, como nas sessões de espiritismo de mesa. Herivelto, Lourdes e o seu grupo criaram então, no bairro de Realengo, o centro de umbanda Cabana Pai Joaquim Mina, dirigido pelo casal por toda a vida. Pai Joaquim Mina alcançou o nível de luz de que necessitava, não mais retornando ao mundo dos vivos. O centro é hoje dirigido por Yaçanã Martins, filha de Herivelto e Lourdes, que nos contou essa história.

Nessa história, é importante notar tanto as transformações no caminho entre a macumba de Barbosa e a umbanda de Heriveleto quanto o que permaneceu imutável nesse processo. A localização mudaria de um barracão de morro para uma alvenaria no subúrbio, e a nova médium transformaria a performance do ritual, porém, em ambos os momentos, a caridade e a fé mantiveram-se como linhas mestras na condução do centro. Prova disso é que Pai Joaquim Mina alcançou o nível de evolução almejado por sua nobre e bondosa alma. A espiritualidade não é privilégio de uma elite. Sobre isso, expressou-se em mensagens psicográficas o espírito Ramatis:

> A umbanda, no Brasil, é a consequência de uma lei religiosa muito natural — a evolução moral! Prevendo a decadência do catolicismo pelos seus dogmas envelhecidos, o advento libertador e mentalista do espiritismo e o consequente progresso científico no mundo, os mestres espirituais elaboraram o esquema de uma doutrina religiosa capaz de aproveitar as sementes boas da Igreja católica, incluindo nos seus postulados o estudo da reencarnação e a lei do karma. Assim, foi delineada a doutrina que se conhece por umbanda, despida de preconceitos racistas

pela origem africana, no sentido de agrupar em sua atividade escravos, pretos, brancos, nativos, exilados, imigrantes descendentes de todos os povos do mundo sediados em solo brasileiro.

Ademais, os pretos-velhos, conselheiros paternais, tolerantes e generosos, substituem a contento os sacerdotes ou pastores, cuidando seriamente dos problemas e rogativas dos filhos. Embora não sendo diplomados pelas academias científicas do mundo, eles são os alunos devotados à escola do Cristo! Jamais negam a sua ajuda amorosa, aconselhando sem censura e amando sem interesse. Há grande diferença entre o preto-velho, que orienta e conforta pessoalmente os crentes desgovernados na vida profana, e o sacerdote ou pastor, que sobe ao púlpito para excomungar severamente os pecados dos homens![10]

Do espiritismo à umbanda, o mito da fundação:

Não poderíamos deixar de mencionar a história da fundação da umbanda católica, que está presente em vários livros umbandistas com pequenas variantes. Aos vinte anos, Zélio de Moraes, pacato habitante do município de Niterói, fica subitamente paralítico e a medicina não consegue curá-lo. É então trazido ao Rio para consultar-se numa sessão espírita, e a sombra de um padre jesuíta lhe revela que sua doença é sinal de uma missão sagrada. "Ele seria o fundador de uma nova religião, uma religião verdadeiramente brasileira dedicada ao culto e evolução dos espíritos brasileiros: os caboclos e os pretos-velhos." A nova religião daria a esses Espíritos a atenção negada pelos kardecistas e o respeito que lhes negava a religião oficial. O espírito do jesuíta lhe revela que o Caboclo Sete Encruzilhadas seria o seu guia, e que este o visitaria no dia seguinte para dar-lhe instruções. Zélio volta para casa curado. No dia e hora combinados, uma multidão de curiosos se aglomera em torno de sua casa, pois a notícia da cura milagrosa espalhara-se como fogo no matagal ressecado. Ele então recebe a profetizadora visita do caboclo que lhe confirma a missão de fundar uma nova religião, a qual seria chamada "umbanda".

Zélio fundaria, logo após esse evento, aquela que é para os umbandistas católicos a primeira tenda de umbanda cristã e brasileira, registrada no cartório de Niterói como tenda espírita, sob o nome de Tenda Nossa Senhora da Piedade.[11] Dessa, várias outras surgiram. Assim, foi criada uma tradição umbandista profundamente influenciada pela moral cristã e pelo espiritismo kardecista. Esse grupo passou a chamar a umbanda que praticavam de "umbanda pura", ou "umbanda branca", demonstrando-se, por um lado, bastante interessados em desafricanizar a umbanda e, por outro, sinceramente dedicados ao culto dos caboclos e pretos-velhos, principais entidades incorporadas nos seus rituais. A atuação desse grupo foi decisiva para promover maior aceitação da umbanda e de outras religiões afro-brasileiras dentre os setores mais "cultos" da sociedade. No décimo "mandamento" da "umbanda pura", lê-se claramente: Crer nos Espíritos bons e tê-los como Orixás. Sobre essa história, que se tornou um verdadeiro mito de fundação da umbanda, Diana Brown comenta em seu livro:

> A mensagem espiritual subsequente encaminhada pela benevolente figura do padre jesuíta relembra o histórico papel dos jesuítas como protetores dos índios e de populações oprimidas no começo do período colonial. Ainda, num sentido mais universal, o papel do padre reconhecendo africanos e ameríndios, simbolizados pelos espíritos de pretos-velhos e caboclos, sugere que a Igreja católica em si é retratada como sancionando a criação da umbanda.[12]

Já Robert Farris Thompson destaca em sua análise a fusão de elementos de diversas culturas e tradições religiosas contidos na anunciação feita pelo caboclo Sete Encruzilhadas:

> A religião é ditada no espírito, primeiro pelo espírito de um padre jesuíta, representando a parte católica e europeia da umbanda, então pelo espírito de um "americano nativo", o primeiro mentor, que representa não somente o elemento caboclo da umbanda mas é também constituído pelo (elemento) Congo. Na verdade, o nome do caboclo (Sete Encruzilhadas) mostra uma preocupação típica da cultura Congo com as encruzilhadas, como um teatro das sanções espirituais. Em adição, esse caboclo conhece quicongo ou quimbundo: umbanda, o nome dado a Zélio para começar a nova religião, é próximo da palavra banda, em quicongo, "iniciar, começar um trabalho"; para o quimbundo de Angola, a palavra umbanda essencialmente significa "trabalhar positivamente com medicinas".[13]

Em cada história, surpreendemo-nos um pouco mais com a flexibilidade da doutrina umbandista e de seus praticantes, capazes de conviver com tantas expressões distintas da religião. Cada nova informação torna mais fascinante o fato de ser possível reconhecer uma mesma religião e uma mesma fé em um conjunto tão heterogêneo. Isto constitui, na visão de Patrícia Birman, aquilo que ela chamou de "o paradoxo umbandista":

> Mas a tensão entre o um e múltiplo não se esgota aí. Ela avança pela doutrina e pelas formas de organização da umbanda. (...) Não há como na Igreja católica um centro bem estabelecido que hierarquiza e vincula todos os agentes religiosos. Aqui, ao contrário, o que domina é a dispersão. (...) Criam federações, tentam estabelecer formas de relacionamento entre os vários centros decisórios, tentam enfim enfrentar a dificuldade de conviver simultaneamente com formas de organização dispersas e tentativas de centralização.
> A mesma dificuldade se reflete no plano doutrinário. Entre os terreiros são encontradas diferenças sensíveis no modo de se praticar a religião. Tais diferenças, contudo, se dão num nível que não impede a existência de uma crença comum e de alguns princípios respeitados por todos. Há, pois, uma unidade na diversidade.[14]

Todas essas definições e comentários, mesmo oferecendo informações valiosas, são demasiadamente intelectualizadas. Para compreendermos, sem preconceitos, o papel da prática multicultural na dinâmica de formação e transformação da umbanda, precisamos ouvir todas as facções, sem esquecer os humildes, pobres ou marginalizados. Exus, pelintras, pombagiras e crianças são entidades que estão aí para dar o recado de que, mesmo os espíritos de ladrões, prostitutas e menores abandonados devem ser chamados a participar na grande obra crística de fé e caridade, que está se desenvolvendo a partir do Brasil. É o que se lê no relato do Sr. J., pai de santo na região de Cuiabá, colhido pela escritora Liana Trindade em 1982, que impressiona pela honestidade e simplicidade:

> Exus são os espíritos das pessoas que não tinham nada. Como o Exu Pretinho, que se manifesta em mim. Ele era um menino pretinho que foi uma criança deixada pela mãe, foi criado assim, um dia uma pessoa cuidando, outro dia com outra. Igualmente eu mesmo, minha vida foi assim.[15]

Com semelhante poesia, num discurso sensível, transbordante de amor ao próximo e consciência sociocultural, o pai de santo pernambucano Painho dá sua visão sobre a religião que professa, mostrando que sua personalidade e sabedoria superam em muito a caricatura criada por Chico Anísio:

> A umbanda é como a balança de São Miguel — dá a quem dá. Então, se você trata o Orixá bem, ele tem que tratar você bem, mas se você não trata ele bem, ele não pode lhe ajudar.
> Eu acredito que a umbanda está se tornando a religião mais original do Brasil, a mais espontânea e a mais autêntica. A umbanda é a soma de tudo que a gente tem em um contexto histórico brasileiro. A umbanda, etnicamente, é a mistura de tudo: ela é a mistura do índio, ela é a mistura do negro, ela é a mistura do branco, ela é a mistura do colonizador português e de tudo mais que apareça. Então, espiritualmente também ela é isso. É muito comum a gente ver dentro da umbanda todas as influências, todos os cultos. Mas é pelo controle do próprio povo! O povo brasileiro é um povo carente, é um povo necessitado. O mais importante é que a umbanda é uma coisa deles mesmos, porque na sua carência o povo brasileiro não tem a quem recorrer, então eles têm que ter

um socorro próprio. E a umbanda é isso, a umbanda não é uma religião acadêmica, não é uma religião codificada; ela é feita do povo e para o povo, dentro da sua própria crença, sua própria cultura, dentro de seus próprios anseios e do seu próprio nível de espiritualidade.[16]

Uma das coisas mais bonitas da umbanda é o modo como ela consegue irmanar todos os povos, exibindo nossos limites humanos e "escancarando" a verdade de que, no fundo, todas as tradições e dogmas são inventados para servir às necessidades de aprimoramento espiritual da humanidade — e que estes devem mudar para adaptarem-se às exigências do tempo. É assim que, na umbanda, a mudança e a criatividade são parte indissociável da religião. Por isso, terminamos esse relato reproduzindo um texto que fala sobre uma versão fraternal e brasileira para a origem da palavra umbanda. Esta versão, ainda que não tenha fundamento etimológico, exprime um sentimento de união e receptividade muito presente no nosso dia a dia cultural, que caracteriza o povo brasileiro como um dos mais hospitaleiros e afetivos do mundo:

Uma definição ainda mais includente está agora ganhando popularidade — uma que enfatiza a identidade brasileira — e tem sido dada a mim em diversas entrevistas com umbandistas. Eles sugerem que a palavra "umbanda" foi formada pela contração de "uma" e "banda", que em português significaria "um grupo". Umbandistas têm interpretado isso como significando que eles formam todos um só grupo, unido.[17]

2. Separando raças e religiões

> (...) A religião da umbanda é uma religião, e não uma reunião de CURANDEIROS, e em nada se confunde e nada tem a ver com os FEITICEIROS ou com os MACUMBEIROS.[18]

A urgência com que muitos escritos umbandistas buscam dissociar umbanda de curandeirismo, feitiçaria e macumba se inscreve num contexto histórico em que a perseguição às religiões da natureza é oficial e eficiente, tendo sido aperfeiçoada e enraizada na sociedade ocidental através dos séculos. As religiões ditas primitivas ou pagãs, que exaltavam o princípio feminino, adoravam as forças mágicas da natureza e estabeleciam diálogo direto com os mortos, sempre tiveram sua reputação (boa ou má) ligada à eficácia de suas curas mágicas e de sua medicina botânica, sendo elogiadas ou "caçadas" pelos mesmos motivos.

O trecho transcrito acima é parte de uma argumentação que procura excluir os rituais de umbanda da lista de práticas legalmente interpretadas como crimes contra a saúde pública. De acordo com o artigo 284 do Capítulo III do Código Penal, o curandeiro, isto é, aquele que cura regularmente sem ter sido formado na faculdade de medicina, pode ser condenado à pena de reclusão de seis meses a dois anos. O infrator é identificado por ações como a prescrição e administração de quaisquer substâncias, ou o uso de gestos ou palavras no processo de cura. Com base em leis como essa, templos foram destruídos e fiéis de umbanda, macumba, catimbó etc. foram aprisionados indiscriminadamente.

Ainda que Jesus tenha espalhado seu verbo em meio à fama de suas curas milagrosas, o curandeirismo, a magia e até mesmo a ciência foram proscritos pela Igreja exotérica de São Pedro. Destinado a ser a religião oficial do Ocidente, o catolicismo conquistaria pela força os espaços que as antigas religiões da natureza teimavam em não ceder. Esses focos de resistência da Antiguidade eram ocupados em grande número por mulheres que praticavam e transmitiam através das gerações conhecimentos ancestrais sobre as plantas, os espíritos dos mortos e as energias do mundo físico. Herdeiras de Ísis, Diana, Sybil, Ceres as curandeiras exerciam seu magnetismo e sabedoria feminina curando os enfermos, fazendo poções e amuletos para o amor, assistindo nascimentos e abortos. Viviam retiradas nas florestas, rodeadas por animais; construíam altares de pedra e mantinham vivos rituais para divindades pagãs, desafiando a violenta autoridade do patriarcado europeu. Apesar da repressão, a atividade das curandeiras floresceu durante todo o primeiro milênio da era cristã. A medicina moderna só começou a desenvolver-se depois do século XIV, quando a Igreja recuou em várias de suas posições, eliminando, por exemplo, a proibição à dissecção de cadáveres humanos.

Por mil anos, o povo teve um único agente de saúde — as curandeiras. Imperadores, reis, papas e os mais ricos barões tiveram acadêmicos doutores de Salerno, médicos mouros ou judeus. Mas a massa constitutiva de todos os Estados consultavam apenas a Saga, a mulher sábia. Se sua cura falhasse, abusariam dela, chamando-a de bruxa. Os sacerdotes e juízes que condenaram milhões de mulheres inocentes à fogueira eram os vitoriosos representantes da ordem social vigente. A literatura europeia medieval está cheia de explicações e justificativas para seus atos criminosos. É dessa literatura que provêm as referências sobre a maldade e a feiura horripilantes de todos os mestres e mestras da magia da natureza, então chamados de bruxos e feiticeiras. A história é escrita sempre segundo a ótica dos vencedores.

Perseguidas, as curandeiras passariam a educar também homens para o exercício das técnicas "femininas" de necromancia e medicina natural que praticavam, trazendo de volta a figura de Pan, filho da deusa Ceres, cujo corpo era metade bode e metade homem — divindade que, na Antiguidade, celebrava a abundância da Terra, em rituais repletos de vinho e danças sensuais. Na Idade Média, Pan é revivido no mito de Satã, filho ou amante das "feiticeiras", curandeiro e necromante que reina sobre o mundo físico; é a ele que os seres humanos recorrem buscando vida longa e satisfação para seus apetites mundanos. Os rituais satânicos medievais, chamados de missas negras e realizados na escura noite da floresta, eram oficiados por mulheres. Neles, eram usados alguns símbolos católicos invertidos, dentre outros elementos remanescentes dos altares proscritos da Antiguidade. Desse modo, elas afrontavam os desígnios do poder que as queria destruir, ameaçando a sociedade estabelecida numa atitude que hoje poderia ser definida como *punk*.

Estas e outras informações sobre satanismo e bruxaria na época medieval foram levantadas no minucioso estudo que o ocultista francês Jean Michelet publicou pela primeira vez em Paris, no final do século XIX. Para ele, foi a própria Igreja que garantiu o monopólio dos sacerdotes de Satã, quando declarou que "toda mulher que ousasse curar sem ter estudado era feiticeira e tinha que morrer"[19] — num tempo (século XIV) em que as mulheres nem sequer eram admitidas em escolas de medicina. Embora bastante efetiva na repressão às mulheres, a autoridade do Vaticano não fez o povo esquecer a forte herança cultural de convivência íntima com a natureza, que vinha sendo transmitida oralmente através dos tempos. Também não eliminou a necessidade concreta que levara esta mesma população a elaborar e manter suas práticas mágicas milenares.

Michelet oferece uma visão menos supersticiosa do culto medieval a Satã, mostrando como esta entidade telúrica foi associada com o diabo bíblico desde os primórdios da era cristã, passando a representar todos os modos de vida contrários à norma vigente. Até hoje, o Diabo, tão frequentemente mencionado por padres e pastores, evoca em nossa mente a imagem híbrida do deus Pan; até hoje, as religiões da natureza são rotuladas como seitas satânicas por aqueles que as querem perseguir; até hoje, e através da nossa história, o nome de Satã tem sido preservado pelas páginas da cultura oficial, que afirmam tê-lo reencontrado na magia afro-ameríndia, nos transes mediúnicos de possessão e, mais recentemente, na umbanda.

Elaine Pagels, professora de história da religião na universidade norte-americana de Princeton, investigou a polêmica figura de Satã sob um novo prisma, o qual chama de "a história social de Satã", e que ela mesma resume de modo simples e esclarecedor:

> (...) isto é, eu mostro como os eventos contados nos Evangelhos sobre Jesus, seus advogados e inimigos, correlaciona-se com o drama sobrenatural que os escritores (dos Evangelhos) usam para interpretar a história contida nas Escrituras: as lutas entre o Espírito de Deus e Satã. E porque os cristãos, na sua leitura dos Evangelhos, se têm caracteristicamente identificado com os discípulos, eles têm também identificado seus oponentes, quer sejam judeus, pagãos ou hereges, com as forças do mal — e estas, com Satã.[20]

O advento da expansão colonial, que levou a civilização ocidental a conquistar domínios em todos os continentes, também deslocaria a "fonte do mal" para fora do território europeu. Agora, as religiões da natureza tinham que ser combatidas nas selvas da África e da América, onde Satã, multiplicado em incontáveis demônios, se fazia adorar por meio de rituais bárbaros. Os novos inimigos metafísicos do catolicismo eram os modos de vida próprios dos povos que as nações do Ocidente deveriam "subjugar para salvar". A literatura do período colonial é recheada de descrições sobre a brutalidade dos selvagens "antropófagos", farta em explicações científicas sobre os traços animalescos dos habitantes das regiões ocupadas, fértil em considerações filosóficas sobre a inexistência de alma nos corpos dos nativos mortos ou escravizados. O pensamento expresso em tais livros induz o leitor a concluir que, afinal de contas, a dominação colonial, a escravidão e a morte eram um preço razoável que os selvagens tinham de pagar para (quem sabe um dia...) virem a ser tão evoluídos quanto seus dominadores europeus.

Ngũgĩ wa Thiong'o aponta o modo como alguns dos principais pensadores do Ocidente estruturaram, em sua literatura, a engrenagem ideológica do genocídio cultural promovido pelos europeus na África. Entre esses pensadores ele destaca:

> Hume ("o negro é naturalmente inferior ao branco..."), Thomas Jefferson ("...os negros... são inferiores aos brancos nos atributos de ambos, corpo e mente..."), ou Hegel com sua África comparada a uma terra da infância ainda encerrada sob o escuro manto da

noite, até onde o desenvolvimento de uma história autoconsciente fosse considerado.[21]

Em suas notas sobre Hegel, Ngũgĩ escreve ainda que

> Em referência à África na introdução de suas palestras em *A filosofia da história*, Hegel dá expressão e legitimidade histórica, filosófica e racional a todo concebível mito racista europeu sobre a África. À África é negada mesmo a própria geografia onde isso não corresponde ao mito. Então, o Egito não é parte da África; e o norte da África é parte da Europa. A África propriamente dita é, em especial, a morada de bestas venenosas e cobras de todos os tipos. O africano não é parte da humanidade. Só a escravidão à Europa pode alçá-lo, possivelmente, às mais baixas categorias de humanidade. Escravidão é bom para o africano. Escravidão é, em si e por si, injustiça, pois a essência da humanidade é liberdade; mas para isso o homem precisa estar maturado. A abolição gradual da escravatura é, portanto, mais sábia e mais acertada do que sua súbita remoção.[22]

Édison Carneiro se manifesta sobre esse assunto em seu clássico livro *Religiões negras*:

> A teoria da inferioridade da raça negra e dos demais povos de cor, que infelizmente conseguiu arrastar talentos legítimos como Nina Rodrigues, nasceu da necessidade de justificativa, por parte da burguesia europeia, dos crimes cometidos, "em nome da civilização", na África e na Ásia, contra o direito dos povos de disporem a si mesmos.[23]

No Brasil, último país a extinguir oficialmente o flagelo da escravidão negra, essa teoria esteve em voga até bem recentemente (se é que deixou de estar), justificando os mais diversos tipos de preconceito, perseguição e segregação sociocultural das populações afro-ameríndias. O médico-legista Nina Rodrigues, repetidamente citado por Édison Carneiro em suas obras, afirmava que o transe de possessão era sinal de uma doença mental que afetava sobretudo os negros e índios, por estarem desarmonizados com a civilização ocidental. Considerando a diferença cultural como doença e combatendo-a como tal, os representantes da cultura euro-brasileira negavam aos valores culturais das nações indígenas e negras uma existência digna dentro da ordem social vigente. Esperavam também que os povos subjugados se conformassem com a própria inferioridade, convertendo-se o mais prontamente possível aos modelos da cultura dominante. Mas as coisas não aconteceram bem assim. A rebelião contra o processo de dominação foi uma constante na história colonial, como observou Alain Gheerbrant em seus escritos sobre a Amazônia, seus habitantes e invasores:

> Os fanáticos missionários que começaram a perseguir os "selvagens" da Amazônia no século XVI foram largamente responsáveis pelo êxodo da população indígena para o interior. Forçados a defender-se contra um sistemático ataque aos seus costumes e crenças, sumariamente repudiadas como culto ao demônio, os índios assassinavam sem relutância seus ultrazelosos invasores, quando viam necessidade. Os missionários, por sua vez, viam na oportunidade de conquistar a coroa do martírio um incentivo ulterior para redobrarem seus esforços. Esse conflito absurdo não começou a declinar enquanto a cristandade não reconheceu o direito de cada indivíduo de ser diferente.[24]

Não tão fanáticos, mas nem por isso menos preconceituosos, alguns espíritas kardecistas empregam a desobssessão e doutrinação para livrar os "obsediados" de sua condição de inferioridade moral, cultural e/ou espiritual. A noção de inferioridade e superioridade com que diferenciam os diversos tipos de espíritos é, todavia, fortemente marcada por traços de discriminação sociorracial. Para eles, os espíritos cultuados pelas antigas religiões da natureza estão no mais baixo nível de evolução espiritual, conforme sua leitura da hierarquia concebida por Alan Kardec. Incluem-se aí as almas de negros e índios, às quais algumas das correntes kardecistas costumam negar acesso em sua religião. Estes kardecistas dispensam, particularmente à espiritualidade dos povos negros, uma atenção quase tão negativa quanto aquela que o catolicismo medieval dedicou às curandeiras, às missas negras e a Satã.

> A obsessão espiritual pode ocorrer por uma variedade de razões, mas os espíritas acreditam que um grande número de frequentadores que vêm aos seus centros para tratamento de desobsessão são vítimas de magia negra. Muitos espíritas (menor número entre os intelectuais) não distinguem entre umbanda, macumba, quimbanda, candomblé, xangô e outras variedades de religiões mais ou menos afro-brasileiras; para eles, isso é tudo magia negra. Para esses espíritas, "negro" tem associações com ambos, mau e africano e, operando a desobsessão em vítimas de magia negra, esses espíritas estão implicitamente

desobsediando o Brasil de sua herança africana, a qual para eles representa um entrave, afastando o Brasil da ciência, do progresso, da iluminação e do desenvolvimento.[25]

A umbanda que, segundo o Caboclo Sete Encruzilhadas, veio eliminar os preconceitos que obstruem a estrada da evolução espiritual, abrindo-se para um encontro ecumênico de todas as raças — acabou por incorporar esse conflito. Grande parte dos problemas e dissidências na umbanda se deve ao fato de que, pela primeira vez, perseguidos e perseguidores se reuniram sob a égide de uma mesma religião. As dificuldades e contradições dessa religião são proporcionais à grandiosidade da tarefa a que ela se propõe: agrupar numa mesma tenda heranças das religiões mágicas da natureza e dogmas herdados das tradições patriarcais europeias. As numerosas tentativas de articulação do pensamento umbandista em um discurso consistente e definitivo revelam, sobretudo, as possibilidades e dilemas gerados por este encontro inédito entre tradições orais e escritas.

Portanto, não é de estranhar que tantos líderes umbandistas reflitam em seus textos e discursos ideias tipicamente eurocentristas, mesmo quando se trata de discutir práticas e filosofias religiosas visivelmente africanas. Essas ideias eurocêntricas, usadas através dos séculos de dominação colonial para desvalorizar e desorganizar as tradições orais nativas, aparecem com maior frequência nos textos de umbandistas com maior influência católica ou kardecista, para os quais o "sincretismo afro-brasileiro" é um sinal de subdesenvolvimento que deverá "apurar-se com o tempo", de acordo com o aumento do grau de "escolaridade do povo":

> De que espécie são tais pessoas ou espíritos que atuam nos terreiros do candomblé? Os antepassados das tribos africanas seriam espíritos adiantados? Diz-nos a razão que são espíritos atrasadíssimos. Espíritos materialistas de baixa categoria.
> (...) Há, pois, que se estabelecer diferenças entre os Orixás sanguinários do candomblé e da umbanda. Não são, como provamos, as mesmas entidades.
> (...) São Jorge e São Sebastião, Santo Antônio e São Francisco de Assis; Santas e Nossas Senhoras, todos espíritos evoluídos, de alta moral, grandes pela sabedoria e humildade, não podem ser confundidos com os espíritos sanguinários dos candomblés.[26]

É interessante notar que essas palavras foram publicadas no mesmo livro em cuja introdução se pode ler a frase "Crer nos espíritos bons e tê-los como orixás", destacada entre outras sentenças que definem princípios básicos da "Umbanda Cristã e Brasileira". Entretanto, os autores negam que os Orixás da umbanda e do candomblé sejam os mesmos, afirmando que a grande diferença consiste no fato de que, no candomblé, os Orixás são sanguinários, pois aceitam animais sacrificados em oferenda. Ao que tudo indica, de nada adiantaria argumentar com esses escritores que, também na umbanda, os terreiros mais africanizados adotam essa prática. Ainda mais inútil seria tentar persuadi-los a ver a questão sob a ótica das tradições africanas e compreender que, de acordo com elas, o sacrifício nada mais é do que a ritualização da morte, como forma de "realimentar" a vida coletiva, como acontece na natureza. Prova disso é que a carne dos animais sacrificados é servida aos iniciados em refeições comunitárias.[27] Esses e outros comentários teriam grandes chances de cair no vazio, pois, conforme postulado pelas tradições escritas euro-brasileiras, as religiões da natureza são malditas, as tradições orais são incultas e tudo que vem da África é inferior. Como bem observou Patrícia Birman, essa forma de pensar está profundamente inculcada na umbanda, evidenciando-se na maneira como muitos umbandistas se referem aos espíritos de pretos-velhos, caboclos, crianças e Exus. Segundo ela, "de um modo ou de outro, as entidades consideradas são vistas como pouco evoluídas" em relação ao modelo do "homem branco ocidental e dominante", seja por serem crianças, amorais, selvagens ou apenas por serem representantes de uma cultura "inferior" vinda da África.

Tentando simplificar esta análise ao máximo, poderíamos dizer que as tradições escritas do Ocidente tendem a interpretar a dualidade como negativa. Isso as leva a organizar suas visões de mundo com base em violentos contrastes e drásticas aposições entre princípios contrários para sempre irreconciliáveis. O bem (que emana das alturas) e o mal (que brota das profundezas da Terra) serão eternamente inimigos, até que um dia virá a triunfante vitória final do bem; o mal será finalmente destruído e encerrado para sempre nas entranhas do planeta.[28] Alan Watts, em *Tao: O curso do rio*[29] observa esse mesmo aspecto quando reflete sobre as diferenças entre a visão de mundo taoísta e a ocidental. É interessante ver como a visão taoista se harmoniza com o princípio umbandista de incluir os aspectos negativos e/ou inferiores da vida como parte do todo:

> (...) Nas metáforas de outras culturas, a luz está em luta com a escuridão, a vida com a morte, o positivo com o negativo e, assim, o idealismo de cultivar o primeiro e livrar-se do último floresce em grande parte do mundo. Para a forma tradicional do pensamento chinês, isso é

> tão incompreensível quanto a corrente elétrica sem os polos positivo e negativo, pois a polaridade é o princípio de que + e -, norte e sul, constituem diferentes aspectos de um mesmo sistema, e o desaparecimento de um dos dois implicaria o desaparecimento do sistema.
>
> As pessoas educadas dentro da aura das aspirações cristãs e hebraicas consideram tal realidade frustrante, pois esta parece negar qualquer possibilidade de progresso, ideal oriundo de sua visão de tempo e espaço lineares (tão distinta da visão cíclica).[30]

As dicotomias entre macho e fêmea, mente e corpo, negro e branco, superior e inferior estão presentes nos mais diversos setores da vida moderna. O hábito de perceber o mundo como uma coleção de princípios ou grupos opostos, eternamente em disputa, é de tal maneira comum que, via de regra, as afirmações se legitimam pela negação categórica de tudo que esteja fora do seu campo de significação. Foi provavelmente esse hábito que gerou, em algumas lideranças umbandistas, a necessidade de estabelecer o oposto diametral da Umbanda, definindo-o como tudo aquilo que a "umbanda pura" não deveria ser. No I Congresso de Espiritismo de umbanda, este oposto da "umbanda pura" — a não umbanda ou umbanda negativa — foi batizado com o nome de quimbanda. Esta palavra significa, no idioma quimbundo, o curandeiro. Sobre isso, o livro de Diana Brown contém valorosos esclarecimentos:

> Todos os males contra os quais esses umbandistas declararam guerra vieram a ser epitomizados sob o termo quimbanda. (...) A quimbanda foi introduzida na discussão e foi justaposta contra a umbanda como seu oposto polar. A quimbanda foi definida nesse Congresso como sendo magia negra e prática do mal, associada com espíritos imorais, poderes malignos e com bárbaros rituais africanos.
> (...) A oposição entre umbanda e quimbanda que emerge dos procedimentos desse Congresso pode ser organizada como a seguir:

Umbanda	Quimbanda
umbanda limpa/ umbanda pura	linha negra/ linha preta
umbanda branca/ linha branca	linha esquerda
magia branca/ prática do bem	magia negra/prática do mal
caridade sem cobrança	exploração

> (...) A quimbanda se tornou o veículo ideológico para a expressão de preconceitos contra a herança religiosa africana e contra imagens populares de comportamento religioso das classes inferiores em geral. Esta ideia ligava a África aos pobres e à maldade.[31]

Mesmo quando se trata de exaltar e investigar a contribuição das etnias negras para a cultura brasileira, a tendência de discriminar entre bons e maus, melhores e piores, elevados e inferiores persistirá implacável. O próprio Édison Carneiro, tão perspicaz quando denuncia a ilegitimidade da teoria da inferioridade dos povos de cor, incorre em erro semelhante ao desmerecer as tradições culturais das etnias bantos (Congo-Angola...). Ele as descreve como "uma imitação servil" da liturgia jeje-nagô, diferindo de seus modelos apenas pelo fato de os negros bantos se permitirem "certas liberdades maiores", ou, em outras palavras, "os negros bantos se permitem certa dose de bebida".[32] Para Édison Carneiro, a prova da inferioridade das culturas bantos era o fato de que estas se abriam largamente à penetração de influências sincréticas, tendendo sempre à mescla e combinação com diversas outras religiões e práticas mágicas. Ele se pronuncia a respeito disso, enfocando, entre outras coisas, os candomblés de Caboclo da Bahia:

Foi a pobríssima mítica dos negros bantos que, fusionando-se com a mítica igualmente pobre do selvagem ameríndio, produziu os chamados candomblés de Caboclo na Bahia. Estes candomblés de Caboclo são formas religiosas em franca decomposição.[33] (...) Parecerá paradoxal, mas a verdade é que esses candomblés, aceitando a intromissão de vários elementos estranhos, embora de fundo igualmente mágico, em vez de se revitalizarem, vão se degradando, perdendo a sua precária independência. Muito provável será, portanto, a afirmação de que esses candomblés só se mantenham à custa, à sombra dos candomblés jeje-nagôs, aproveitando a sua mítica, o seu ritual fetichista. Nada mais. (...) Por isso tudo, torna-se provável que esses candomblés de Caboclo estejam a caminho do desaparecimento, principalmente se resolverem — como tem acontecido — ser cópias fiéis das sessões espíritas.[34]

O mais incrível é que essas considerações quase pejorativas foram escritas com a melhor das intenções. Carneiro foi um dos primeiros folcloristas brasileiros a comentar a presença das tradições bantas no Brasil, listando e descrevendo inúmeros rituais. Com igual benevolência, vários intelectuais brasileiros deste século adotaram a bandeira nacionalista de Gilberto Freyre, que buscava definir uma identidade cultural inter-racial, formada pela confluência e mistura de brancos, negros e índios. Roberto Da Matta é um dos mais proeminentes herdeiros dessa "antropologia nacionalista". Ele afirma:

> Podemos ser a um só tempo e simultaneamente o branco colonizador e civilizador, o preto escravo que corporifica a forma mais vil de exploração do trabalho — a escravidão — e, finalmente, o índio, dono original da terra, marcado por seu amor à liberdade e à natureza.[35]

Se por um lado notamos nas palavras de Da Matta a vontade legítima de conciliar as três raças como três aspectos equivalentes de uma mesma estrutura social, por outro, os diferentes papéis atribuídos a cada uma delas reflete preconceitos que estão em voga desde o princípio da colonização do Brasil. Segundo tais ideias há muito preconcebidas: 1) a civilização e colonização da Terra, sendo funções que envolvem alto teor de complexidade e autodeterminação, só poderiam ser exercidas pelo branco; 2) o amor à liberdade e à natureza são atributos exclusivos dos índios, ainda que tenham sido importadas da África tantas culturas florestais; 3) o negro, ralé sociocultural do país, só serve mesmo para desempenhar o papel de corporificar a escravidão.

Esses preconceitos são tão fortes que, no já citado I Congresso de Espiritismo de Umbanda (1941), apesar de todos conhecerem os estudos etimológicos que apontavam para a origem africana (banto) da palavra "umbanda", foi adotada a improvável versão de que o termo deriva da expressão sânscrita *Aum Bandhā*. Embora a origem africana da palavra tenha sido ratificada no Congresso de 1961, a oposição gerada vinte anos antes, contra o reconhecimento desse simples fato etimológico, demonstra a contribuição das obras intelectuais para a formação da ideia que um povo ou grupo tem de si e do mundo. Para definirem-se como praticantes de uma religião elevada e evoluída, os congressistas umbandistas precisavam "desafricanizar" a umbanda. Eles o fizeram simbolicamente, pois negaram no plano intelectual as raízes africanas de rituais e conceitos filosóficos que compõem o dia a dia de sua prática religiosa. Isso só foi possível porque as tradições africanas são, por excelência, orais. Desse modo, os congressistas de 1941 (I Congresso) fizeram com as tradições africanas aquilo que a tradição ocidental (escrita) tem feito com as religiões da natureza (orais) desde o começo da era cristã. Agora, porém, as antigas tradições orais já produzem, em grande parte, sua própria literatura, utilizando a escrita para registrar e publicar suas próprias versões de suas próprias verdades culturais. Além de preservar suas culturas, esses autores trabalham para libertar seus povos das amarras do colonialismo cultural. Sobre esse tema, ouviremos agora as palavras do escritor e acadêmico queniano Ngũgĩ wa Thiong'o, atualmente lecionando literatura comparada na Universidade de Nova York:

> Os Estados Unidos e a Europa controlam a produção, o treinamento e até mesmo a colocação profissional da maioria dos intelectuais do Terceiro Mundo. Um grande número deles torna-se culturalmente adestrado na arte de desenhar imagens do mundo em harmonia com as necessidades imperialistas do Ocidente. (...) Trabalhadores intelectuais podem desenhar imagens do mundo em harmonia com as necessidades das forças da destruição humana; ou em harmonia com as forças ou a resistência para a sobrevivência, criatividade e renovação humana. Intelectuais podem desenhar imagens do universo e seus funcionamentos de modo a instilar o medo, a desesperança e a autodesconfiança na mente do oprimido, legitimando, assim, o mundo das nações e classes opressoras como norma (culta); ou

eles podem desenhar imagens que instilam clareza, força, esperança para as lutas dos explorados e oprimidos no sentido de realizarem suas visões de um novo amanhã.[36]

Notas da Parte II

1. OLIVEIRA, Jota Alves de. *A umbanda cristã e brasileira*. Rio de Janeiro: Centro Espírita de Valença, 1985. p. 93.
2. CACCIATORE, Olga Gudolle. *Dicionário de cultos afro-brasileiros*. Rio de Janeiro: Forense Universitária, 1977. p. 242.
3. COSSARD, Gisèle Binon. *Le Candomblé Angola*. Sorbonne, 1970, inédito.
4. COSSARD (1970) p. 15-56. (Tradução dos autores.)
5. BROWN, Diana DeG. *Umbanda: Religion and Politics in Urban Brazil*. Michigan: University of Michigan Press, 1986.
6. Idem, p. 46.
7. A Amanacá Amazon Network é uma organização ambientalista sem fins lucrativos dedicada a facilitar a comunicação entre os povos da floresta amazônica e os seus amigos no exterior, particularmente nos Estados Unidos. Esta entidade organiza a Semana da Amazônia, que consiste em uma série de eventos e ativi-

dades culturais e educacionais voltadas para a informação do público internacional sobre as alternativas econômicas/ ecológicas para o desenvolvimento sustentável na Amazônia. Davi Kopenawa Yanomame, um dos principais líderes Yanomame que pratica pajelança e foi um dos convidados desde 1993, é reconhecido mundialmente como uma das maiores lideranças da floresta.

8. LOPES, Octaviano da Silva. *Catimbó no Brasil*. Rio de Janeiro: Espiritualista, 19--. p. 53.

9. Idem., p. 57.

10. OLIVEIRA, Jota Alves de. *Umbanda cristã e brasileira* (Ramatis através do médium Hercílio Maes). Curitiba: [s.n], 19--. p. 94-5.

11. Idem, p. 43. Aqui a necessidade de legitimar a umbanda reafirmando os seus princípios espíritas e católicos é evidente. Em 1908 as religiões afro-brasileiras ainda eram passíveis de perseguição de acordo com o Código Penal Brasileiro.

12. BROWN, op. cit., p. 40-1.

13. THOMPSON, Robert Farris. *Face of the Gods*. New York: Prestel, 1993. p.97.

14. BIRMAN, Patrícia. *O que é umbanda*. São Paulo: Editora Brasiliense, 1983. p. 25-6.

15. TRINDADE, 1982, p. 34, citado por BIRMAN, 1981, p. 82.
16. Painho, no vídeo *Hail umbanda* produzido pela BBC de Londres e dirigido por Eduardo Poiamo e Florian Pfeiffer.
17. BROWN, op. cit., p. 51.
18. DECELSO, Celso Rosa. *Umbanda de caboclos*. Rio de Janeiro: Editora Eco, 1967. p. 60.
19. Idem, p. xix.
20. PAGELS, Elaine. *The Origin of Satan*. New York: Random House, 1995. p. xxiii.
21. THIONG'O, Ngũgĩ wa. *Decolonising the Mind: the Politics of Language in African Literature*. Londres: James Currey; Nairobi: EAEP; Portsmouth N.H.: Heinemann, 1986. p.18
22. HEGEL, Georg W. F., *The Filosophy of History*, Nova York: Dover Edition, 1956. p. 91-2 em Ngũgĩ wa Thiong'o *Decolonising the mind:* the politics of language in African literature.
23. CARNEIRO, Édison. *Religiões negras*. Brasília: Civilização Brasileira, 1981. p.24.
24. GHEERBRANT, Alain. *The Amazon: Past, Present and Future*. New York: Harry N. Abrams Inc., 1988. p.48
25. PRABHUPADA, A.C. Bhaktivedanta Swami. *Coming back: the Science of Reincarnation*. Los Angeles / Londres / Paris / Bombaim /

Sydney. Hong Kong: The Bhaktivedanta Book Trust, [1982], 1985. p. 21-3.
26. OLIVEIRA, op. cit., p. 163-4.
27. Afinal, se a morte não fosse de algum modo indispensável à continuação da vida no mundo material, por que dar-se-ia o Cristo a si próprio em sacrifício pela salvação da humanidade?
28. Analogamente, a mulher, o corpo físico, os instintos básicos, os animais e, por extensão, toda a natureza, em identificação direta com a energia telúrica, existem para serem submetidos, escravizados ou destruídos pelo homem.
29. WATTS, Alan. *Tao: o curso do rio*. São Paulo: Ed. Pensamento, 1992.
30. Idem, p. 48.
31. BROWN, op. cit., p. 44-5.
32. O uso de álcool, do tabaco e da maconha era tradicionalmente ligado a rituais bantos de vidência e/ou cura. Tal como mencionado no capítulo sobre vegetalismo.
33. CARNEIRO, Édison. *Religiões negras*. Brasília: Civilização Brasileira, 1981. p.24
34. Idem, p. 136.
35. MATTA, Roberto Da, 1989, p. 202, citado por BIRMAN, 1985, p.71-2.
36. THIONG'O, op. cit., p. 52-4-5.

PARTE III

Orixás — Santos — Ancestres

Os altares que demarcam as áreas em que os antepassados são honrados e cultuados são espalhados sobre rochas, rios, florestas, templos de pedra e residências de sapé, deixando ver por toda parte que o culto e a comunicação com os espíritos dos mortos está presente em todo o continente africano.

Logo que entraram em contato com as primeiras missões religiosas enviadas pelo rei de Portugal, em meados do século XV, os africanos foram expostos às histórias dos santos, mártires e heróis, por eles percebidos como "os ancestres dos brancos". É provável que as histórias contadas por aquela gente de uma cultura nova e aparentemente maravilhosa tenham realmente provocado grande impacto. Era fácil distinguir dentre aqueles santos a face oculta de sacerdotes, magos e curandeiros abençoados com poderes sagrados pela benevolência de Zambi, o Deus supremo dos Bantos, criador de todas as coisas e de todos os seres.

As manifestações de paranormalidade, tais como curas milagrosas, sobrevivência a torturas tenebrosas ou a multiplicação de pães e peixes, eram, especialmente para os povos centro-africanos, expressões concretas do sagrado. Tais fenômenos podiam, de certa maneira, ser comparados às suas próprias formas religiosas de conexão paranormal com as energias divinas.

A religiosidade do africano, neste caso, demonstra ser altamente includente. De acordo com a sua crença, todo aquele que domina as forças da natureza recebeu do criador, pela conexão com os ancestres, poder para operar milagres. Se eles próprios tinham estabelecido contato com seus antepassados, por que não o fariam também os brancos? Segundo esta perspectiva, a sabedoria e as bênçãos do mundo espiritual estariam abertas para todos, sem distinção de raça, credo ou nacionalidade.

A identificação dos santos com os ancestres cultuados pelos centro-africanos se dá diretamente, pois ambas as entidades representam a alma/o espírito de pessoas importantes que, já mortas, intercambiam energias entre o mundo divino e o humano. A correlação dos santos católicos com o universo místico dos Orixás é mais sutil, diferindo muito de um caso para o outro.

Oxalá/Jesus Cristo

Enquanto na África Oxalá é um Orixá do mesmo nível hierárquico dos outros Orixás, no Brasil ele adquire maior abrangência, especialmente na umbanda, em que é sincretizado com Nosso Senhor Jesus Cristo e com Zambi — entidade suprema da cosmogonia banto, a qual, por sua vez, é comparável ao Deus católico e ao Olorum iorubá.

Na Nigéria, Oxalá é um dos três avatares de Obatalá, ao lado de Oxalufã e Oxaguiã que, a princípio, seriam duas entidades independentes, e não apenas "qualidades" de Oxalá como no Brasil. Aqui, Oxalá foi elevado ao mesmo nível hierárquico de Obatalá, que na África era seu superior. O Obatalá dos nigerianos é uma entidade tão sublime que não costuma se incorporar, servindo-se de seus mensageiros Oxalá, Oxaguiã e Oxalufã para comunicar-se com a humanidade. Para eles, Obatalá tem a ver com criatividade e salvação, pureza, honestidade e paz. Em uma de suas canções ritualísticas diz-se:

> Senhor da corrente que vai para o céu
> Ele que protege as pessoas que dizem a verdade
> Seus altares apresentam espaços não contaminados
> Por erros ou perturbações
> Verdadeiros pontos de julgamento moral.[1]

A associação direta de Oxalá-Obatalá, como nome duplo para uma entidade que é considerada o grande patriarca da hierarquia espiritual e criador da humanidade, parece ter resultado dos processos históricos de aclimatação das religiões africanas no Brasil. Oxalá-Obatalá é o senhor do elemento branco; seus templos são claros e cheios de luz. Na umbanda, ele é simbolizado pela pomba branca do Espírito Santo e pela imagem plácida e protetora de Jesus Cristo.

Outra possível influência para o grande destaque dado a Oxalá no país é a forte presença e atuação de negros islâmicos tanto na África quanto no Brasil. Durante um certo período da escravidão, eles chegaram a ocupar um lugar de destaque no cenário nacional, antes de terem sido expulsos por organizarem muitas revoltas contra o poder colonial. Alá, divindade suprema adorada pelos seguidores do Profeta Maomé, é o Deus todo-poderoso do patriarcado muçulmano e tem como uma de suas principais características o amor pela retidão de caráter e pelo desenvolvimento da capacidade humana para a dominação dos instintos animais. A palavra "alá", no idioma iorubá, significa "roupa branca". [2]

Nos altares de umbanda, é comum vermos a figura tranquilizadora do Cristo de braços abertos, oferecendo seu amor e caridade indistintamente a todos. Sua cabeça aureolada emite a luz do conhecimento espiritual que esclarece questões e apazigua conflitos, abrandando o ardor dos espíritos inflamados. Paz na Terra às pessoas de boa vontade.

Iemanjá/Nossa Senhora

Iemanjá é por excelência um arquétipo da maternidade — generosa, vasta e poderosa como as águas oceânicas que cobrem a maior parte da superfície da Terra. Sua importância cresce vertiginosamente quando seu culto é transplantado para as Américas, pois se na África ela era tida apenas como a deusa do rio que leva seu nome, aqui passa a incluir todos os sete mares sob os seus domínios míticos. No Brasil, adorada com igual fervor por fiéis da umbanda e do candomblé, ela foi alçada à posição de principal figura materna do panteão patriarcal iorubá, aquela que, em união com Oxalá, gerou todos os outros Orixás, tendo, inclusive, perfilhado Omolu e Oxumarê, adotados da tradição daomeana (jeje).

Seu sincretismo com Nossa Senhora, a virgem-mãe de Jesus, sugere tanto a supremacia da função materna da mulher em um contexto patriarcal quanto a face ligeiramente incestuosa das grandes matronas que se realizam por sua íntima ligação afetiva com os filhos, muitas vezes, em detrimento do relacionamento com o parceiro masculino cuja semente a fecundou.

Como Maria, o principal atributo de Iemanjá parece ser a compaixão. Seu reino espiritual é transbordante de perdão e amor incondicional, mesmos sentimentos que marcaram os sermões e curas milagrosas de Jesus nos primórdios da Era de Peixes. Seu nome, aliás, significa "a deusa cujos filhos são peixes",[3] simbolizando a multidão de seres que navegam e se nutrem nas águas profundas do inconsciente coletivo. Ela sempre tem ouvidos para escutar os filhos que vêm a ela, aos quais oferece seu colo morno para aconchego e consolo. Quando invocada, Iemanjá ajuda os fiéis levando embora seus sofrimentos emocionais e suas dores, cuidando para que recomecem a vida (ou o ano) de alma lavada.

Na umbanda, representada pela clássica imagem de uma bela e jovem mulher branca de cabelos negros longos e lisos que caminha pelas águas sob o brilho da lua e da estrela, Iemanjá tem assegurada a sua aceitação por todos os setores da sociedade brasileira. Banida a identificação visual com as tradições africanas, já não há mais barreiras para que o arquétipo universal da maternidade carregue consigo um nome iorubá.

Tal qual Maria, ela é bendita entre todas as mulheres por ter-se dedicado de corpo e alma à sagrada função da maternidade. Por sua pureza, os frutos de seu ventre são santificados e vêm ao mundo para servir ao Criador em missões específicas. Por seu amor infinito, ela é tornada mãe de toda a humanidade. Fechando os olhos para nossas faltas, ela roga a Deus por todos e cada um de nós, agora e na hora de nossa morte também.

Nanã Boroquê

Na umbanda, ela não costuma ser considerada chefe de falange, e a sua figura arquetípica é muitas vezes associada aos domínios míticos de Omolu. Sempre citada pelos que evocam uma cosmogonia africana para a umbanda, Nanã é descrita como uma velha senhora que teria enjeitado os filhos, Omolu e Oxumarê, os quais foram então adotados pela amorosa Iemanjá. Em vários mitos, ela surge como a mulher idosa, autoritária e sem atrativos físicos que, apesar de tentar tudo para segurar sua relação com Oxalá, acaba mesmo por perder o páreo para a bondosa e maternal Iemanjá.

Tais mitos e concepções, entretanto, pouco ou nada têm a ver com o perfil africano desta entidade, que vem à tona nas pesquisas feitas a partir do antigo reino do Daomé.⁴ Lá, Nanã é uma antiga entidade da Terra, que gera inúmeras entidades (entre as quais Omulu e Oxumarê), dotadas de grande poder e mistério, com quem forma a tríade básica da filosofia religiosa dos povos (jejes) que habitavam aquela região.

Essa tríade tem como ponto inicial uma figura feminina forte — a própria Nanã, sugerindo que a civilização daomeana originou-se numa sociedade matriarcal provavelmente anterior ao patriarcado iorubá. Tal suposição é sustentada pelo fato de que, no candomblé, diz-se dos Orixás da corrente jeje que são mais antigos do que Ogum, existindo desde antes da Idade do Ferro.[3] Nos dois outros vértices estão Omolu — entidade masculina que tem o domínio sobre as doenças, a medicina e a cura — e Oxumarê — a serpente do arco-íris —, divindade bissexual que reina sobre a beleza, as cores e a música, garantindo o equilíbrio no movimento.

No Brasil, conta-se que Nanã rejeitou seus filhos atirando-os num lago para que se afogassem. Esses mitos podem até refletir práticas tradicionais de controle da saúde pública em antigas civilizações (incluindo tribos brasileiras), onde os bebês com deformidades incuráveis eram sacrificados. Talvez por isso alguns dos Voduns cultuados na Casa das Minas (Maranhão) sejam os espíritos dos filhos defeituosos do rei. Todavia, quando este aspecto é negativamente sublinhado no contexto mítico, acusando-se a divindade-mãe da tríade jeje de tentar destruir os deuses por ela gerados, pode-se subentender a necessidade de uma justificativa mitológica para a ascensão das ialorixás iorubás na liderança da comunidade afro-baiana, sucedendo as sacerdotisas jejes.

O sincretismo de Nanã com Sant'Ana, avó materna de Jesus e padroeira dos professores, reforça a impressão de que ela é muito antiga e de que sua chegada ao Brasil foi anterior à vinda dos iorubás. É sincretizada também com Nossa Senhora das Dores, o que nos parece menos significativo.

Xangô/São Jerônimo

São Jerônimo, sincretizado com Xangô no Brasil, nasceu de uma família abastada, provavelmente no ano 331, na cidade de Stridova, entre a Croácia e a Hungria. Estudou em Roma, especializando-se na arte da oratória. Como sua juventude fora dedicada à vida mundana, Jerônimo tardou a ser batizado e, em carta ao papa, vislumbrou para si um batismo de fogo no qual suas máculas seriam queimadas. Após ter copiado dois livros de São Hilário, ele decidiu estudar teologia. Mas sua leitura favorita continuava a ser a literatura dos grandes legisladores e oradores, como Cícero.

Aos 43 anos, ele esteve muito doente e permaneceu muito tempo acamado; durante a Quaresma jejuou e teve alucinações, vendo-se diante do trono do Senhor. E o Grande Juiz perguntou-lhe: "Quem sois vós?" "Um cristão", respondeu ele em transe. "Vós mentis", replicou Deus, "Vossa arte é a de Cícero." A partir daí, Jerônimo devota-se aos ensinamentos cristãos, sem contudo abrir mão dos estudos clássicos. Dedica-se a uma vida monástica, isolando-se no deserto de Marônia, em Chalsis, na Síria, um lugar que ele descreve como "queimado pelo calor do sol". Livros, nanquim e penas de escrever são seus companheiros. Para combater fantasias libidinosas, ele estuda o idioma hebraico, do qual, a duras penas, torna-se um mestre. Ele é importunado em seu retiro espiritual pelo Vaticano, que o requisita para reforçar a reação à onda de cismas que, então, abalava a Igreja. Em 337, ele sai da reclusão, retornando a Antióquia, onde é ordenado padre, iniciando assim uma "carreira" que faria dele um dos principais teóricos do cristianismo, autor da tradução oficial do Velho Testamento e orador da causa da integridade da Igreja, cujas polêmicas filosóficas com Santo Agostinho ficaram famosas.

Porém, seu temperamento ardente e crítico causaria algumas rusgas com burocratas do Vaticano, motivo pelo qual ele novamente se retira em terras distantes, desta vez, dedicando-se também a ensinar as virtudes da vida monástica a duas discípulas mulheres, Santa Paula e Santa Marcela. Paula, sua mais frequente companheira de viagem, fundaria mais tarde um convento em Belém.

A analogia entre São Jerônimo e Xangô parece bastante evidente, na medida em que ambos têm forte ligação com a justiça e com as leis que regulam a ordem dentro de um organismo social; ambos têm a trajetória marcada pelo amor aos prazeres da carne e a constante presença de mulheres, sendo com elas a sua mais frequente parceria; ambos têm analogia com o elemento fogo, que lhes confere temperamento quente, fazendo com que não meçam consequências quando se trata de lutar pelo que creem ser justo. Seus altares ao ar livre são construídos sobre rochas.

Iansã/Santa Bárbara

A tragédia de Bárbara começa quando ela se recusa a casar-se com o homem escolhido por seu pai, Dióscoro. Ser esposa de Deus era a sua escolha. Tamanha insubmissão ao poder patriarcal, por volta do ano 225, na antiga região da Nicomédia, também conhecida como Ásia Menor, era considerada uma ofensa sem par. O pai a coloca numa torre e se ausenta. Ela então abre com os próprios dedos uma terceira janela numa das colunas de mármore de uma sala de banhos recém-construída. As águas da piscina tornam-se milagrosas, curando enfermidades. Não satisfeita, destrói todos os ídolos que seu pai adora. Adquire superpoderes, transformando malfeitores em pedras, animais ou vegetais. Seu nome torna-se conhecido por todos, multidões a seguem e outros tantos fogem ao vê-la passar.

Dióscoro retorna e exige de Bárbara uma explicação. Ela o informa de que as três janelas simbolizam a Santíssima Trindade e a morte de Cristo, de quem recebera seus poderes mágicos. Não convencido, o pai procura uma espada para matá-la; ela foge. Mais tarde, é entregue às autoridades da religião oficial local, que a obrigam a abjurar sua nova crença. Caso ela se negasse, eles a torturariam. Seu corpo é quase dilacerado, mas o Senhor a visita durante a noite e, no dia seguinte, ela se apresenta ilesa diante do juiz Marciano, declarando que Jesus a havia curado. Rasgam-lhe as carnes com instrumentos de ferro, queimam-na com tochas acesas, golpeiam sua cabeça com martelos, cortam-lhe os seios. Por fim, obrigam-na a desfilar nua pelas ruas. Quase sem forças, Bárbara implora ao Senhor que a poupe dessa vergonha e um anjo desce do céu cobrindo-a com uma capa de luz. Mas ela é condenada a morrer decapitada, e o pai se oferece para ser o degolador. No exato momento em que seu pai, o carrasco, ergue a espada, Bárbara pede a Deus que, dali em diante, todo aquele que a invocasse no momento da morte fosse salvo. Após executar a sentença, tendo já degolado a filha, Dióscoro desce a montanha e é fulminado por um raio. Marciano, o juiz que a sentenciara, morre pouco depois da mesma maneira.

Percebe-se o elo de Santa Bárbara com Iansã por ambas terem conexão com o fogo do céu (raio), e por representarem um arquétipo de mulher insubmissa. Escolhendo Jesus como noivo, Bárbara ousou dispor livremente de seu próprio magnetismo feminino. Em linguagem mais moderna, ela estaria assumindo o controle da própria sexualidade, elegendo como futuro companheiro o arquétipo do Homem Superior, espiritualizado, apesar de sua escolha contrariar os interesses e valores do grupo social a que pertencia. No caso de Iansã, é Xangô, o patrono da justiça, a figura masculina com quem ela se encontra mais frequentemente associada.

Oxóssi/São Sebastião

Oxóssi é sincretizado com São Sebastião no Rio de Janeiro e com São Jorge na Bahia. Ambos os santos são guerreiros, embora o "Cawboy Jorge"[6] tenha, como veremos a seguir, uma trajetória heroica e uma imagem de guerreiro vitorioso, enquanto Sebastião, muito mais para mártir, é apresentado rendido, amarrado, e com flechas cravadas por todo o corpo. Nos parece então que o sincretismo pode ser, neste caso, devido à associação do Orixá caçador e dos muitos caboclos que lidera com a vocação urbano-florestal do Rio de Janeiro, cidade de São Sebastião.

Oxóssi, líder dos caboclos, nos interessa mais como correspondente sincrético de São Sebastião, não só por sermos ambos cariocas da gema, mas especialmente pelo fato de que essa sua identificação com o padroeiro da cidade tem influenciado decisivamente o destino, a história e a cara do Rio. Arquetipicamente, o caçador é aquele que penetra um espaço selvagem buscando algo que apenas será efetivamente validado quando ele voltar à sua comunidade (aldeia, vila ou cidade). Desse modo, enquanto a espada de Ogum determina uma ação violenta e dominadora do agente civilizador contra a resistência e o caos da natureza, as elaboradas técnicas de caça de Oxóssi, a um só tempo lucrativas e conservacionistas, abrem a perspectiva de uma relação mais pacífica e justa entre a cidade e a selva, pois o caçador racional é também protetor dos animais.

Esse potencial se revelou no Rio pelo processo de reflorestamento das montanhas em torno da nascente do rio carioca, numa operação de emergência ordenada pelo imperador D. Pedro II, a fim de combater os efeitos ressecadores do desmatamento agrícola desenfreado.[7] Esse potencial se consolidou pelo respeito espontâneo da população da cidade pela área recém-florestada, que foi deixada em paz para crescer e repovoar-se de muitas espécies de animais. Tal atitude jamais teria sido possível sem o apoio sólido das profundas raízes culturais populares afro-ameríndias, cujos ensinamentos e práticas tradicionais promovem, de diversas formas, um genuíno sentimento de amor e integração com a natureza.

A bem-sucedida técnica de reflorestamento heterogêneo utilizada na criação da Floresta da Tijuca tem, provavelmente, muito a dever ao íntimo conhecimento de florestas tropicais possuído pelos poucos escravos que em poucos anos plantaram mais de cem mil mudas de diferentes espécies na região desapropriada pelo imperador.

Hoje, esta floresta é, além de cartão-postal do Rio, um altar vivo no qual os fiéis da umbanda e do candomblé cultuam as divindades da natureza, fortalecendo a sua fé na energia purificadora dos elementos.

Ogum/São Jorge

As lendas de São Jorge remontam à época das Cruzadas; sua armadura foi levada para a antiga região da Ásia Menor, a Capadócia, da qual é padroeiro. Segundo as lendas, ele teria sido um destemido guerreiro, um vencedor de dragões e um protetor de donzelas cativas que, em uma de suas andanças, teria desposado uma virgem egípcia. São Jorge tornou-se conhecido em Portugal devido à devoção do rei Fernando, e o seu culto foi introduzido no Brasil desde o começo da colonização. Sua história mistura-se em vários pontos com a de São Martinho, também guerreiro e protetor da cavalaria.

Segundo alguns autores, a linhagem de Ogum na umbanda é desdobrada nas legiões de Ogum Beira-Mar, Ogum Iara, Ogum Naruê, Ogum Malei, Ogum Megê e Ogum Nagô.

Suas ervas mágicas são a espada-de-são-jorge e a lança-de-são-jorge, liliáceas da África Equatorial aclimatadas no Brasil e utilizadas nos rituais para dar passes ou "para fustigar os maus espíritos, afastando-os". De personalidade fortemente guerreira, é conhecido entre os fiéis e sacerdotes como "santo forte", "vencedor de demandas", "general da umbanda", "soldado da cavalaria".

São Jorge é extremamente popular e, por sua sincretização com Ogum, tornou-se o padroeiro da guerra e da tecnologia, simbolizando todo aquele que trabalha na linha de frente, abrindo novos caminhos e alargando as fronteiras da civilização. No Rio, sua festa é um grande acontecimento, principalmente nos subúrbios, onde os fiéis costumam varar a noite soltando fogos de artifício. É comum ver a sua imagem protetora entre os pertences de motoristas de ônibus e caminhão. Em casas de família, bares e outros estabelecimentos comerciais, sua estatueta pode ser vista num pequeno altar em que, às vezes, põem-se também um copo d'água e um galhinho de arruda — tudo iluminado por uma luzinha vermelha.

Simbolicamente, podemos dizer que a energia de São Jorge/Ogum está intimamente relacionada com a extensão territorial do Brasil. Por um lado, a devoção dos portugueses a São Jorge deve tê-los inspirado na atitude bravia e aventureira de penetrar na floresta para conquistar a terra, desafiando a selva, a Espanha e o Tratado de Tordesilhas. Por outro lado, a energia de Ogum deve ter abençoado os negros que abriram caminho para longe da escravidão. Como se sabe, foram esses frequentes fluxos migratórios de valentes escravos fugitivos que, repovoando várias áreas florestadas, levaram a língua portuguesa às mais recônditas regiões do país. Ogum é também o único Orixá chefe de falange que não se faz servir exclusivamente de caboclos e pretos-velhos para a gestão dos assuntos sob sua jurisdição. Diversas qualidades de Ogum se incorporam pessoalmente nos médiuns para auxiliar os fiéis nas batalhas do dia a dia.

Oxum/Nossa Senhora

Oxum é sincretizada com diferentes Nossas Senhoras. No Recife, o povo a identifica com Nossa Senhora do Carmo e, no Rio de Janeiro, com Nossa Senhora da Glória, embora na Bahia muitos a relacionem com Santa Catarina. A associação entre essas duas figuras na umbanda — Nossa Senhora, pelo lado europeu, e Oxum-Sereia, na visão dos africanos — integra e harmoniza duas concepções arquetípicas bastante diferentes do princípio feminino passivo.

De modo geral, as duas figuras têm a ver com a maternidade, possuindo ligação direta com as crianças bem pequenas, especialmente os bebês de colo e aquelas que ainda não sabem falar. Em oferendas para ela podemos ver, além de perfumes, bijuterias e flores, outros objetos infantis como bonecas e chupetas. Entretanto, a mãe do Menino Jesus é uma virgem, escolhida para ser fecundada pelo Espírito Santo por causa de sua pureza intocada, enquanto a sereia Oxum é uma mulher sedutora, que cultiva seus poderes atrativos, exalando graça e beleza pelo espaço ao seu redor.

Seu lugar na natureza são os rios e cachoeiras. Ela é a sereia das águas doces, tão docemente chamada de mamãe Oxum por aqueles que invocam sua força e proteção no intuito de resolver questões de saúde, amor, fertilidade e conforto material. Às vezes, ela aparece sincretizada com a entidade daomeana Oxumarê / Bessém (Dan/Dani) e é, então, chamada "a Mãe do Ouro".

Todas essas imagens, alusivas à abundância da natureza (ou à "pujança da natura", como no samba-enredo de Nelson Sargento e Alfredo Português), combinam-se com a candura de Nossa Senhora, tendo aos braços, na forma de um bebê indefeso, o filho do próprio Deus. Tudo isso representa visualmente as muitas dádivas de seu poder espiritual feminino e brando.

Como o rio, que sempre caminha para o mar, a Oxum da umbanda está diretamente ligada à Rainha do Mar, encabeçando a Legião das Sereias, a mais elevada entre as sete da Falange de Iemanjá. Entretanto, na concepção iorubá, a deusa do rio Oxum não é mencionada como sereia. Mais uma vez, o sincretismo entre diferentes tradições africanas lança luzes sobre as múltiplas origens das entidades cultuadas na umbanda. No Congo era dado grande destaque às entidades femininas da água, as Quiandas,[8] que, como a Iara dos ameríndios, atraíam com seu canto os homens desavisados para o fundo das águas. Acreditava-se que possuíam a metade inferior do corpo como um rabo de peixe, e a parte superior igual à de uma linda mulher, e que detinham o poder de causar e curar *miúndas*, nome quicongo para micoses de pele contraídas em contato com a água.

Omolu/São Lázaro

Omolu é considerado um doutor entre os pobres, curador de doenças, especialmente as pragas que afetam a saúde pública, e aquelas enfermidades que deixam marcas horríveis na pele. Sua vestimenta de palha esconderia a feiura decorrente da varíola contraída na infância, segundo os mitos nagôs. Na umbanda, ele lidera a Falange do Povo dos Cemitérios, espaço sobre o qual estendem-se os seus domínios e onde costuma ser cultuado. Em torno de sua figura, muitas lendas são criadas, atribuindo-lhe grande poder e influência também no mundo dos vivos.

A identificação de Omolu com Lázaro, o santo peregrino coberto pelas chagas da lepra, é simples de ser entendida; ambos são vítimas de males incuráveis que os deformam tornando-os indesejáveis, mas que, por outro lado, lhes conferem um tipo especial de poder e de destaque no mesmo contexto social que os rejeita. Mas se Omolu soluciona o problema de integrar-se na comunidade ocultando sob denso véu de mistério as evidências físicas de sofrimentos passados, Lázaro expõe suas feridas em carne viva à curiosidade e repúdio das massas, tendo para seu conforto apenas as lambidas de um cão vira-lata, no mais clássico estilo dos grandes mártires do cristianismo. Popularmente, hospitais que recebiam vítimas de epidemias como a febre amarela, a varíola, a gripe espanhola e o cólera-morbo, no fim do século passado e começo deste, eram chamados "lazarentos".

Omolu é uma das entidades da tríade daomeana, ao lado de Nanã e Oxumarê. Sua origem africana, ainda não profundamente investigada por estudiosos brasileiros, lhe confere significação muito mais ampla do que a que lhe é atribuída no Brasil.

De modo geral, Omolu/Lázaro é o protetor dos miseráveis e desgraçados, todos aqueles que, além de serem pobres e como tal expostos à falta de higiene e saneamento básico, ainda têm o azar de contrair doenças escabrosas, às vezes incuráveis. Esses infelizes, feios, suarentos, magricelas, desenganados, encontram assim outro consolo que não os braços da morte, e uma esperança de cura espiritual. Omolu e a sua falange trabalham promovendo a reflexão e a ação, dolorosa mas efetiva, sobre as chagas coletivas da humanidade. Atualmente, os flagelos biossociais do câncer e da AIDS, bem como os esforços para combatê-los, estão entre os temas que melhor exemplificam o seu universo de atuação.

Sua ligação com a morte possui nuances de fundo sincrético, mesclando elementos, características e funções de entidades católicas, iorubás, jejes e congolesas.

Crianças/São Cosme e São Damião

Conforme a tradição católica, os irmãos gêmeos Cosme e Damião eram de origem árabe e teriam vivido na Grécia, onde foram julgados e executados pelos idos de 297, acusados de professarem a fé cristã que, naquela época e lugar, contrariava a religião oficial. Eles exerciam a medicina como profissão, porém quase não cobravam por suas consultas, popularizando-se entre os pobres. Tendo sido julgados na Sicília, durante o reino de Diocleciano e Maximiliano, na presença do governador Lísias, eles se recusaram a adorar os deuses gregos, afirmando que "os deuses de pedra não são homens, mas demônios".

Para mudarem de ideia, foram, em vão, submetidos a vários tipos de torturas e suplícios. Muitas lendas foram criadas em torno dessas torturas como, por exemplo, a de que eles teriam sido atirados na água acorrentados e as correntes se abriram como que por encanto e eles lograram escapar com vida. Noutra feita, quando quinhentos arqueiros lhes atiraram flechas, estas teriam voltado contra aqueles que as lançaram e, mais uma vez, os santos não foram feridos.

Revoltado, o governador ordenou que fossem decapitados, e eles finalmente faleceram.

Atualmente, os ossos de Cosme e Damião são considerados relíquias e estão espalhados por várias igrejas da Europa. Curioso é que algumas delas, como a Igreja de São Jorge em Veneza e a Catedral da cidade de Amalfi, reivindiquem a posse dos genuínos restos mortais dos santos gêmeos, embora nenhuma das ossadas que nelas se encontram tenha a cabeça cortada. Tal fato chega ainda a aumentar a fama milagreira dos santos gêmeos, curadores dos enfermos terminais e protetores dos médicos e barbeiros — o que nada tem a ver com o universo infantil com que os brasileiros os identificam.

Acreditamos que Cosme e Damião possam ter-se iniciado no papel de protetores das crianças a partir de sua sincretização com os Ibejis, crianças gêmeas do panteão iorubá, que também podem ser considerados "Erês". Filhos de Oxum e Xangô, eles adoram doces e guaraná e promovem uma animada "bagunça" quando baixam nos terreiros. Sua energia, transbordante de vitalidade e alegria, é capaz de derramar as bênçãos da fertilidade e da harmonia cotidiana. Os gêmeos são igualmente importantes nas culturas indígenas da América do Sul, onde geralmente representam irmãos civilizadores, ou ainda pares míticos como Coaraci e Jaci, os gêmeos Sol e Lua.

Na concepção adotada por alguns terreiros, Cosme e Damião são líderes da Falange das Crianças, embora outros considerem que esta seja liderada por Iansã, Oxum, Yorimá ou que seja a Falange do Povo do Oriente.

2. *Caboclos e pretos-velhos*

A figura do caboclo é geralmente concebida como uma projeção imaginária do indígena brasileiro. Todavia, podemos afirmar que, na maioria dos casos, a análise de sua performance em transe, bem como de sua caracterização — incluindo a observação de elementos como figurinos, adereços e padrões de movimento corporal —, revela a forte influência banto na mais brasileira das religiões. A própria palavra "caboclo" provavelmente deriva do termo quicongo, que literalmente significa "aquele que vive no fundo da floresta", entidade de temperamento rebelde e destemido, cultuada pelos bantos desde tempos imemoriais.

A julgar pelo nome, alguns caboclos parecem provir de tribos extintas: Arariboia, Tupinambá, Pirahy, Aimoré, ou de outras tantas ainda existentes como Guarani, Bororó Tuxauá etc. Outros, contudo, apresentam nomes nitidamente africanos como Oxóssi das Matas, Ogum Rompe-Mato, Calunga das Matas, Sete Encruzilhadas, Guiné e Folha de Arruda.

Uma vez que o caboclo se manifesta, a língua falada por ele não apresenta peculiaridades que remetam especificamente a qualquer grupo tribal brasileiro, e seu gestual e dança demonstram uma unidade que também não corresponde às diferenças étnicas e culturais das tribos encontradas no Brasil. Uma leitura acurada de seus pontos riscados permite-nos constatar, no entanto, uma semelhança muito maior com a simbologia gráfica dos povos banto do que com a rica arte pictográfica do nativo brasileiro. O mesmo acontece em relação ao cocar, diretamente relacionado com a arte plumária Congo, cuja técnica consiste na aplicação vertical das penas em torno da cabeça, o que difere muito das variedades da arte plumária ameríndia, cujos cocares têm, geralmente; as penas dispostas em forma oval, emoldurando a face.

Tudo isso contribui para evidenciar a imprecisão das origens até então determinadas para essas entidades. Observando alguns de seus pontos cantados ficamos ainda mais atônitos com a surreal geografia que evocam. Um bom exemplo disso é o ponto do Caboclo Tupinambá, transcrito por Decelso em seu livro *A umbanda de caboclos*:

> "Tupinambá é um reis / Tupinambá é um reis reá, É um reis lá da Hungria / No céu do Ceará."[9]

As festas dos caboclos são cheias de música e costumam ser enfeitadas de folhas. É comum, nos terreiros que têm quintal, o depósito de oferendas aos pés da Jurema, árvore de grande importância para o culto dessas entidades.

Invocar, honrar e cultuar os ancestres é algo muito comum na África, e a comunicação direta com os espíritos dos mortos é uma característica desenvolvida especialmente pelos povos banto. O diálogo com os guias espirituais tornou-se no Brasil uma prática extremamente relevante; aqui, os descendentes de africanos banto difundiram essa sabedoria ancestral por meio dos aconselhamentos obtidos no transe, das curas com ervas e da memória coletiva reforçada pelos rituais. Por meio dos ancestrais africanos, o mapa mítico do continente negro brilha nos céus dos pequenos e grandes terreiros, representado por pretos e pretas-velhas que carregam nomes de países, cidades ou regiões da África.

Eles podem receber títulos como rei do Congo, rei da Guiné, ou simplesmente guardar o seu nome como uma referência étnica: Sabino Jeje, Rosa Malê, Preto Moçambique. Em alguns casos, são ancestres brasileiros ou aclimatados como, por exemplo, Maria Conga da Bahia e André das Minas. Uma aproximação familiar com o ancestre é evidenciada pelo grau de parentesco expresso em nomes como Mãe Preta Zulu, Pai Adão de Lagos, Tia Luiza da Costa, Tio Paulo Maculelê, Vovó Maria Conga da Bahia, os quais formam a protetora árvore genealógica de uma família constituída por várias mães, pais, tios e avós que, nascidos simultaneamente em diversos estados, países e regiões, asseguram o bem-estar coletivo em um mundo espiritual sem fronteiras em sua inesgotável fraternidade.

Esses pretos e pretas-velhas representam também a autoridade da sabedoria ancestral para legislar sobre as inconstâncias e intempéries do *muntu*, nome quicongo para "ser humano". Apesar dos anos decorridos desde o fim da escravidão, a orientação e a cura promovida pelos espíritos desses sábios é ainda indispensável para seus descendentes como é para todos os desprivilegiados, carentes e necessitados, cujas vidas ainda oscilam sob o peso de pressões de ordem econômica, social, cultural e racial. A umbanda, revalidando a atuação dessas almas como estrelas-guia, as cultua dentro da linha da Falange das Almas,[10] havendo também diversos tipos de pretos-velhos nas demais falanges, que agem como auxiliares, cumprindo no contato direto com os fiéis a orientação de espíritos que lhes são hierarquicamente superiores sob inspiração místico-filosófica dos Orixás.

Ao lado dos caboclos, das crianças e dos Exus, os pretos-velhos são as entidades mais facilmente encontradas nos terreiros de umbanda. Fumam cachimbo, bebem cachaça ou outras bebidas alcoólicas, perpetuando assim uma prática ritual dos bantos que é comum aos indígenas do Brasil.

3. *Pombagiras*

Representadas como mulheres de seios nus, de saia levantada deixando a calcinha à mostra, com as mãos nas cadeiras em atitude desafiadora e um sorriso indisfarçavelmente sacana pousado sobre os lábios cheios, as pombagiras são espíritos de mulheres sexualmente agressivas que, durante seu tempo de vida, utilizaram essa habilidade para sobreviver. Entre elas há desde sofisticadas cortesãs, como Maria Padilha Rainha, até as mais baratas prostitutas de rua, como a perigosíssima Maria Navalha, que cortava a cara dos fregueses que não queriam pagar.

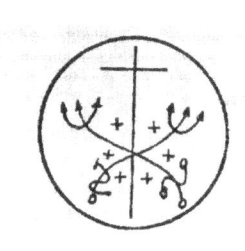

Seu nome, provavelmente derivado do termo quicongo *BomboZira*, literalmente "encruzilhada", remete aos cultos dedicados pelos povos bantos a ancestrais femininas de insuperável poder e influência sobre o mundo dos vivos. Entretanto, apesar da existência de entidades femininas tão fortes no seu sistema religioso, as mulheres eram terrivelmente oprimidas no dia a dia do antigo reino do Congo, como em diversas outras nações africanas. Obrigadas a aceitar a poligamia dos maridos, a quem passavam a pertencer desde o casamento, elas tinham de se manter fiéis ainda que fossem desprezadas. A traição feminina era punida com violências físicas e morais, seguida de morte lenta e agonizante.

Sob esse aspecto, a destruição de muitos sistemas de vida africanos ocasionou, no Brasil, a liberação de um grande potencial feminino, o qual vem sendo represado através dos séculos de patriarcado em quase todas as culturas do planeta. Esse potencial (hoje em plena expansão) se expressa no simbolismo da fêmea sexualmente ativa e auto-orientada na busca do próprio prazer. Essa busca, conscientemente dissociada da função de maternidade, confere à mulher a noção exata de seu poder magnetizante sobre os machos da espécie. Em linguagem pop, as pombagiras seriam as sacerdotisas do "Pussy Control",[11] ou o poder de controlar os homens por meio da vagina.

As pombagiras são poderosas feiticeiras que se dedicam sobretudo às questões de amor e sexo. Elas têm poções e feitiços para conseguir marido (ou esposa), para romper casamentos, para terminar casos amorosos extraconjugais e ensinam truques para aumentar o prazer sexual do(a) parceiro(a). Além disso, receitam garrafadas especiais para o aborto ou para aumentar a fertilidade, se o caso for engravidar para manter a relação.

Seu ritual é cheio de música, bebidas e aperitivos, numa atmosfera festiva entrecortada por ruidosas gargalhadas dos médiuns possuídos. A forte presença delas no imaginário popular pode ser comprovada em toda parte — nas praias, no Carnaval e na sensualidade feminina que transborda no cinema nacional.

4. Exu/Satã e Exu/Zé Pelintra

Exu é o mestre de cerimônias do "teatro das sanções espirituais"[12] — a encruzilhada, cenário de trocas, mudanças, perdas, ganhos, confusões, reencontros, marca um ponto de encontro entre diferentes mundos. Mundano e brincalhão, Exu assiste de camarote às idas e vindas da vida humana, rindo-se de nós quando tropeçamos em nossos próprios instintos básicos não domesticados ou nos deixamos ludibriar por nossas pequenezas diárias e sentimentos menores.

Mais do que apenas assistir, Exu atiça e excita o desejo humano para que ele se manifeste. Os bens materiais, eternamente em circulação, são distribuídos no plano governado por Exu de acordo com o desejo que os grupos e indivíduos têm de possuí-los. Para Exu, pouco importam as qualidades morais ou a elevação espiritual; o desejo, a força e a esperteza para levar vantagem nas disputas da vida cotidiana são as únicas virtudes que ele reconhece. O prêmio que ele oferece aos seus seguidores é o gozo fugaz dos sentidos, alcançado por meio de coisas como o dinheiro e o sexo. Não é de se admirar que ele seja sincretizado com Satã — o Diabo.

Satã, a besta andrógina e cornuda, meio humana meio animal, cuja imagem hedionda era adorada nas orgíacas missas negras da Idade Média, é uma recriação de Pan e também uma representação do Guardião do Umbral.[13] Presente nos mitos assustadores que envolvem a iniciação oculta, a criatura bestial de olhar maldito e escarnecedor é quem monta guarda nos limites entre o mundo inferior e o plano superior, no qual a mente alcança a consciência das verdades absolutas. Só podem vencê-lo aqueles que já se libertaram da tirania dos sentidos, do tesão irrefreado, das ambições materiais desmedidas e outras mesquinharias do gênero. Somente os puros de coração podem atravessar o Umbral e penetrar nos mistérios ocultos, pois só perante eles Satã/Exu curva-se obediente e inofensivo.

Testando as pessoas com as pequenas e grandes tentações da vida e evitando que a sabedoria do alto seja mal utilizada pelos que ainda não se graduaram nas lições dos níveis mais baixos, Exu/Satã, bem como "o mal" que eventualmente produz, pode ser entendido como um dos muitos auxiliares de que o Criador se serve para recuperar a alma decaída da humanidade. E é assim que ele é cultuado na umbanda, como a sombra negativa finalmente integrada, sob cuja proteção criminosos, devassos e assassinos têm sua chance de participar na obra crística que se opera a partir da caridade. Baixando nas giras de Exus, os espíritos de prostitutas, vagabundos e indigentes seguem na trilha da evolução. Exu, o Orixá, não é líder de nenhuma falange, mas empresta sua significação ao domínio dos Exus da umbanda, também conhecido como "povo da rua".

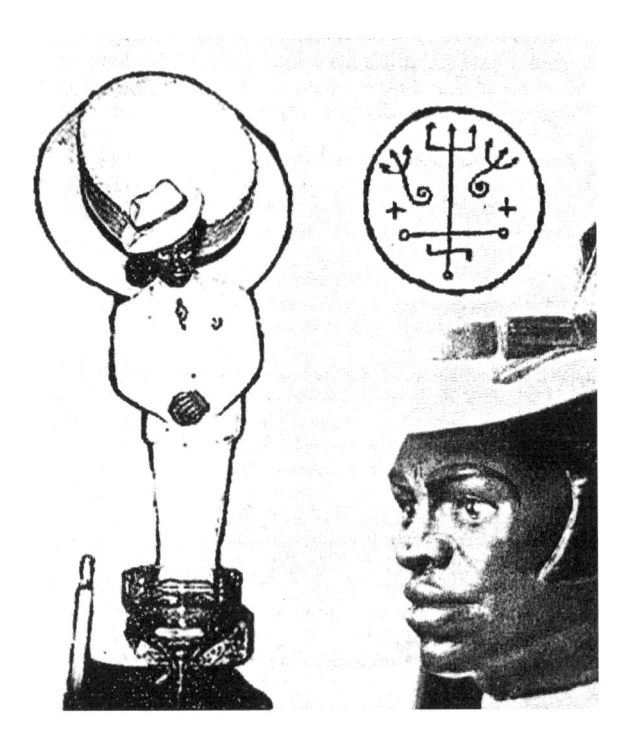

Zé Pelintra é um tipo especial de Exu, que merece ser considerado separadamente, pois caracteriza um guia espiritual totalmente miscigenado. Sua figura ímpar sintetiza, na sua história, uma das fases do processo de urbanização da sociedade brasileira e o papel desempenhado pelo homem afro-ameríndio ao longo desse período. A saga de Zé Pelintra começa nos catimbós nordestinos, onde ele é um negro descalço e brigão, e termina no morro de Santa Teresa, no coração do Rio boêmio, onde se acredita que morreu após ter-se tornado um refinado malandro carioca.

Seu andar gingado, "no passo do urubu malandro",[14] exibe a malícia da capoeira-angola, de que fora mestre enquanto vivo; seus rituais são verdadeiros pagodes, cheios de samba, suor, cerveja e mulheres sensuais. Nos seus feitiços e curas ele usa elementos africanos[15] e ameríndios, com um leve toque de magia europeia.

No Nordeste, acredita-se que Zé Pelintra, apelido dos catimbozeiros para Mestre José de Aguiar,[16] morreu lá mesmo, e foi enterrado aos pés de uma árvore da Jurema. Depois, passou a baixar em rituais de catimbó e, mais tarde, na umbanda. O apelido ele ganhou por ter brigado muito contra o preconceito, exigindo que todos o respeitassem como doutor, sábio e médico de sua gente.

Notas da Parte III

1. Traduzido do livro *Face of the Gods*, de Robert Farris Thompson, p. 262.
2. CACCIATORE, Olga Gudolle. *Dicionário de cultos afro-brasileiros*. Rio de Janeiro: Forense Universitária, 1977. p. 45. Interessante notar também que *alagba* significa pessoa velha, e *alaga* é diretor, organizador.
3. VERGER, Pierre. *Orixás*. Salvador: Corrupio, 1981.
4. VERGER, Pierre. *Notes sur le culte des Orisá et Vodun à Bahia, la Baie de tous les Saints, au Brésil et à l'ancienne Côte des Esclaves en Afrique.* IFAN: Dakar, 1957; VERGER, Pierre. *Fluxo e Refluxo do tráfico de escravos entre o Golfo de Benin e a Bahia de Todos os Santos dos séculos XVII a XIX*. Salvador: Corrupio, 1968.
5. Há informações sobre isso no capítulo dedicado a Nanã em *O duplo e a metamorfose: a identidade mítica em comunidades nagô*, de Monique Augras.
6. "Cowboy Jorge" é o título de uma canção de Jorge Ben Jor.
7. Esse fenômeno é chamado "Conservacionismo de Massa", conceito divulgado no Brasil em uma série de cartazes educativos da Sociedade das Florestas do Brasil, 1991.

8. RIBAS, Oscar. *Ilundo: espíritos e ritos angolanos*. Luanda: Instituto de Investigação Científica de Angola, 1975. p.27.
9. DECELSO, Celso Rosa. *Umbanda de caboclos*. Rio de Janeiro: Editora Eco, 1985. p. 136.
10. "A Falange das Almas" é também conhecida como Yorimá; sobre isso, ver o esquema fornecido por W.W. Da Matta e Silva no seu livro *Umbanda de todos nós*. Rio de Janeiro: Livraria Freitas Bastos [1956], 1992.
11. "Pussy Control", nome de uma composição do astro norte-americano Prince.
12. Robert Farris Thompson, entrevista com os autores.
13. Sir Bulwer-Lytton, escritor inglês, inclui uma representação ficcional do Guardião do Umbral em seu romance esotérico *Zanoni* (1897).
14. Informação obtida em entrevista de Maria Helena Farelli aos autores (1991).
15. Especialmente as técnicas Congo para fechamento de corpo.
16. FARELLI, Maria Helena. *Zé Pilintra, o rei da malandragem*. Rio de Janeiro: Cátedra, 1987.

PARTE IV

Fundamentos Bantos da Filosofia, da Simbologia e da Liturgia Umbandista

Nganga, sacerdote congo, indicando com suas mãos o céu e a terra. Pose clássica do Congo, e também do tarô (O Mago). Gravura do livro Descrição histórica dos três reinos do Congo, Matamba e Angola, *de João Montecúccolo (1679).*

> A umbanda é uma religião pan-brasileira, e é uma religião enraizada nas culturas banto.[1]

Escolhemos essas palavras para abrir este capítulo porque elas refletem, de forma direta e objetiva, ideias que já adquiriram um caráter consensual na comunidade internacional de estudiosos e historiadores das tradições culturais africanas e de suas transformações no Novo Mundo. Sob o sugestivo título de *Fundações invisíveis — as raízes bantas da cultura popular brasileira*, Daniel Dawson, pesquisador, escritor e fotógrafo norte-americano, antigo diretor educacional do Museu de Artes Africanas de Nova York, expressou com suas palavras o que já é, de fato, uma visão coletiva. Traçando paralelos claros entre diversas manifestações culturais centro-africanas (banto) e brasileiras, ele abordou também a questão da supremacia iorubá, enfocando-a como um dos obstáculos ao reconhecimento e investigação da importância fundamental das tradições bantas para a formação de fenômenos nacionais tão importantes quanto a umbanda.

Seu artigo é dedicado aos brasileiros que desenvolvem pesquisas sobre o intercâmbio entre culturas africanas encontradas no Brasil.[2] Essas pessoas tiveram também a oportunidade de falar-lhe sobre como a cultura banto tem sido subestimada em relação aos modelos culturais iorubás, influenciando-o no desenvolvimento do raciocínio que passamos a reproduzir:

> Quando você conversar com brasileiros e pedir que falem sobre sua herança africana, eles vão apontar para modelos iorubás. Eles falarão sobre o candomblé iorubá como a pura cultura africana do Brasil. E é verdade que o candomblé de que eles falam é parte daquela cultura, mas o fato é que a cultura iorubá é algo que veio tarde e que encobriu as culturas bantas que eram realmente a cultura popular quando os iorubás chegaram lá. (...) Isso é particularmente importante quando se fala da umbanda. A umbanda está agora passando por uma crise de identidade; está tentando redefinir as suas origens. Quando se fala de umbanda, fala-se desde a Amazônia até lá embaixo na Argentina. Essa religião busca reencontrar suas poderosas raízes africanas e quer ser autenticada, e está se reautenticando, usando modelos iorubás quando suas origens são, de fato, centro-africanas.

As culturas bantas, representadas no Brasil principalmente pelos povos provenientes do antigo reino Congo (onde atualmente são localizados os países Congo, Zaire, Angola), têm demonstrado, historicamente no Novo Mundo, uma enorme capacidade de assimilar novos valores oriundos de tradições europeias, asiáticas ou ameríndias sem, contudo, perder a essência de sua cultura. Na umbanda, essa essência se faz sentir sobretudo nas inter-relações mágico-religiosas estabelecidas entre vivos e mortos (ancestres), sob a influência de forças ainda maiores manifestadas em determinados espaços sagrados da natureza, as quais chamam-se "Inquices". Os ancestres na umbanda são denominados pretos-velhos, caboclos, Exus ou pombagiras, de acordo com o conteúdo que, simbolicamente, trazem do mundo dos mortos. Cada qual tem o seu "ponto riscado" — ícone que evoca as suas qualidades, os distingue e convoca no ciberespaço da umbanda. Assim, os pontos riscados estabelecem a grafia dos ancestres do antigo Congo na simbologia atual da umbanda. Os inquices são as forças da natureza tornadas úteis para as pessoas a partir da reunião de elementos retirados dos espaços sagrados em que se manifestam. A performance do ritual celebratório, com dança, percussão e canto, incluindo algumas vezes a ingestão de bebida alcoólica e uso de tabaco, são características genéricas da liturgia banto tanto na África como no Brasil.

1. Ancestres e inquices

Em quase todas as religiões africanas, os espíritos de pessoas importantes são cultuados após a morte como ancestres sábios e, muitas vezes, retornam à Terra para dividir sua sabedoria com seu povo por meio do ritual de transe. Esses rituais acontecem em arenas onde os fiéis tocam os atabaques, dançam e cantam em honra das forças sagradas da natureza e dos ancestres. Especialmente entre as etnias bantas, os mortos são entendidos como energias vivas espalhadas entre nós. Fu-Kiau nos orienta para uma melhor compreensão desse pensamento:

> O indivíduo acredita que ele é feito de dois elementos: a matéria (ma), a qual é a substância do seu corpo (nitu), e a energia (ngolo), a qual é uma parte individualizada da energia viva eterna, o todo. Quando alguém morre, seu corpo (ma) torna-se parte da Terra, enquanto sua energia (ngolo), ou a divina presença da energia viva individualizada nele/nela, deixa o corpo para juntar-se ao todo universal da energia viva (ngolo zavumuna). Dessa forma, nossos ancestres, como energia viva, estão vivos entre nós.[3]

Portanto, o altar primordial é a tumba e, como suas extensões, teremos os *minkisi* (plural de *nkisi*; no Brasil, *inkice*), pequenos embrulhos contendo as sagradas medicinas portáteis de Deus que, reunidas em um pano de tamanho variável, são cuidadosamente amarradas e usadas para cura, encantamentos, ou para proteção dos fiéis que as possuam. Robert Farris Thompson assim descreve essa importante categoria do universo sagrado do Congo:

> O *inkice* (nkisi) é feito, de acordo com as receitas do Congo, de terras, galhos da floresta e penas, modificados de acordo com as contingências. Enfeitado na parte de cima com penas do céu e embaixo com terras do cemitério, ele é um caldeirão, continuando a forma e função das medicinas do Velho Mundo de Deus.[4]

Os inquices são guardados cuidadosamente em altares pessoais nas casas dos sacerdotes. Os altares pessoais ou familiares são uma tradição milenar africana, encontrada em quase todos os grupos bantos e muitos grupos sudaneses. Esses altares pessoais também incluem o culto aos ancestres e dispõem uma parafernália de objetos e símbolos para proteção daquela família ou grupo de pessoas. Análises pormenorizadas de assentamentos de entidades e amuletos de proteção na umbanda, seguramente, revelarão numerosas "coincidências" entre a simbologia desta religião brasileira e aquela própria dos cultos bantos.

No Brasil, inkice passou a ser um nome equivalente a Orixá, ou a Vodum, tornando-se o nome genérico correspondente às divindades cultuadas nos candomblés da linha ou nação Angola. Um dos desdobramentos do *inkice* original, como catalisador de energia colhida na natureza para proteção, é o patuá, modelo em que o original *pacquet* do Congo[5] é reduzido a um pacotinho de 2 a 4 cm, como nos informa Olga G. Cacciatore em seu *Dicionário de cultos afro-brasileiros*:

> Antigamente eram saquinhos de couro ou pano, com boca amarrada com cordão metálico, terminando em franja, com a cor da divindade protetora. Também em forma de pequeno pacote amarrado em cruz, com cordão. (...) Dentro há pedacinhos de raízes ou ervas sagradas, às vezes orações escritas e outros objetos mágicos secretos.[6]

Outra derivação de *inkice*, presente nos cultos de origem banto ao redor do mundo, seria, segundo Thompson, o "ponto de segurar". Utilizado para resolver questões de demanda e amor, costuma ter a forma de um pequeno amuleto embrulhado em tecido, feito com o propósito de segurar/amarrar um espírito ou atrair uma pessoa para o seu proprietário. Ele acrescenta ainda que "a amarração feita com cordas se entrecruzando, três em um eixo e seis ou mais em outro eixo, definitivamente representa enclausuramento do espírito".[7] Na umbanda, o uso sincrético das "amarrações" na magia do amor e do sexo é claramente exemplificado nesse "Feitiço para Acabar com as Brigas entre Marido e Mulher" que transcrevemos da obra de Maria Helena Farelli:

> Pegue um pouco de fita nova e quando seu marido estiver dormindo meça o seu tamanho inteiro. E fale assim: adormeça, adormeça, que te meço dos pés à cabeça.

> Feito isto, corte a fita no tamanho de seu marido. Dê um nó na ponta. E a seguir dê mais seis nós, e passe a usá-la na coxa, amarrada. Quando ele parar com as brigas, pode soltar e despachar ou guardar numa gaveta, de lembrança.[8]

2. Altares e espaços sagrados

É um espaço sagrado, local onde centenas de objetos "mágicos", artísticos ou místicos são guardados e através dos quais vozes poderosas de seus criadores podem ser ouvidas muitas, muitas vezes e em milhões de formas. Essas vozes poderosas, ouvidas por poucos, fazem, em todas as sociedades e culturas, novos criadores surgirem de dentro da comunidade dos seres humanos.[9]

Os mistérios dos inquices, juntamente com os princípios que guiam a vida coletiva e pessoal nesta cultura, são decodificados pelos neófitos do misticismo congo em locais especiais, sempre acompanhados pelo mestre, o *nganga*. Tais lugares podem ser dentro da vila, mas costumam localizar-se na natureza, onde se dá a transmissão oral dos mais importantes conhecimentos acumulados através das gerações. Assim educado, o neófito será também um *nganga*, um especialista em medicina, uma "biblioteca viva",[10] que acumula o saber milenar da comunidade. Quando dispersos em diferentes regiões, esses locais serão visitados por mestre e discípulo; segredos escritos na natureza serão decifrados; questões sobre a vida e a morte serão discutidas em profundidade.

A fé envolvida na prática religiosa desses povos se expressa visualmente em dois de seus mais fortes elementos: os altares e os pontos riscados. De certa forma, ambos se complementam, ou se alternam, na consagração dos espaços sagrados devotados pelos fiéis às divindades da natureza (inquices) e/ou aos ancestres. No decorrer de nossa análise sobre esses dois componentes largamente presentes na umbanda, procuraremos revelar alguns dos axiomas filosóficos da tradição conga.

De acordo com esta tradição, o espaço sagrado é visto de uma forma simultaneamente simples e complexa. Percebido como algo que está dentro e também em volta de nós, e que representa em si mesmo um dos mais importantes aspectos da vida, o espaço sagrado é qualquer local, público ou privado, em que ambos, mente (*ningu*) e corpo (*nitu*) sejam alimentados.[11] Sua determinação é feita a partir de uma escolha que envolve a vida coletiva e privada. Mas para entendermos um espaço sagrado pela ótica conga é necessário mais do que palavras, é importante "deixar-se movimentar internamente, ser tocado, preenchido e emudecido pela própria essência desse espaço."[12] Entre os espaços sagrados mais importantes para nosso estudo destacamos os cemitérios, os altares pessoais (localizados nos lares dos fiéis) e os locais de iniciação, que geralmente estão na natureza, incluindo-se aí florestas, águas e pedreiras.

O cemitério é sagrado porque é o verdadeiro lar dos ancestres. A expressão quicongo que afirma que "Os ancestres não morreram, eles apenas viraram as costas para nós", demonstra a crença de que o cemitério é a vila onde os ancestres continuam a viver. A Terra em si é também sagrada, pois dela se podem extrair as substâncias para a sobrevivência. Três áreas na Terra têm especial interesse para o *nganga*: as florestas, os lugares onde há água e as rochas. As florestas são tidas como templos vivos, pois "dentro delas encontramos nossos ancestres e suas sombras"; elas são o outro local onde os ancestres têm morada. Funcionando como "guarda-chuvas da alma", as florestas também concentram as forças dos inquices, tornando a vida possível "para todas as coisas vivas, incluindo os seres humanos".[13] Os lugares em que há fontes, águas paradas ou águas correntes são vistos como verdadeiros "feixes de medicamentos", pois a água reúne vários elementos de fundamental importância no dia a dia do povo, além de participar na realização de curas, na preparação de sedativos, poções e na liturgia. São sagrados os vales em que os rios fluem, as áreas úmidas cobertas por florestas e bosques, os brejos... Nesses lugares, acredita-se que a Terra respira mais intensamente. Pedreiras, rochas e rochedos são "templos sem paredes", formados por seres silenciados pelas represas do tempo:

> Onde há uma rocha posicionada — um ser sem voz — existe um espaço sagrado, um espaço que segura, esconde um segredo, talvez uma informação secreta, para ser conhecida e cuidadosamente decifrada, como um fóssil. As rochas são as testemunhas silenciosas dos primeiros eventos do mundo em seu processo de formação. Por essa razão, o povo banto acredita que as rochas são os mais antigos

contadores de histórias que existiram na Terra. É muito comum os africanos contarem histórias de pedras falantes.[14]

De acordo com uma história contada no interior da Bahia e publicada por Souza Carneiro,[15] a descoberta do fogo teria se dado da seguinte forma: um homem chamado Gonga o descobrira transformando as três pedras que se riam dele em suporte para fazer sua comida. Segundo a lenda, "Macuco, nome das três pedras, não se arredou, perdeu a fala e o movimento".[16] As três pedras dispostas em triângulo, como no caso desta história, representam *Macuco Matadi*[17] — três pilares sobre o qual a medicina sagrada é cozida. Simbolicamente, estes pilares representam também os três dos quatro momentos do Sol que são visíveis pelo olho humano, como veremos adiante.

As rochas seriam feixes de informação (*mambu*) acobertadas dentro da Terra — o grande feixe de medicinas — pela *Kalunga*, a completa energia viva. Por esta razão, as rochas são algumas vezes chamadas de espíritos de poder, especialmente quando são colocadas dentro de um sachê de medicinas pelo *nganga*, para formar um *inquice*.

3. O ponto riscado: demarcando o sagrado

Na umbanda, o ponto riscado é comumente descrito como um desenho feito com giz[18] ou pólvora, com o propósito de convocar uma determinada entidade para vir à Terra. O poder do espírito é graficamente representado por linhas retas, círculos, espirais, flechas, ondas, estrelas, setas e cruzes. Cada espírito tem o seu diagrama mágico. O ponto riscado encontra os seus equivalentes na *firma*,[19] da religião cubana chamada *Palo* ou *Regla de Mayombe*; na escrita sagrada intitulada *anaforuana*, desenvolvida pelo povo abaquá da África e seus descendentes cubanos; nos diagramas *vevé*, utilizados no Haiti e em Nova York para invocar os Voduns; e na escrita ideográfica *adinkara*, desenvolvida pelo povo akan de Gana e da Costa do Marfim. Todos esses diagramas, ou assinaturas de espíritos, bem como os pontos riscados da umbanda, têm sua matriz comum no cosmograma congo chamado genericamente *dikenga*, do qual assimilaram a simbologia da cruz, o uso de círculos, linhas paralelas e transversais.

No Brasil, há quem associe os pontos riscados com algum simbolismo secreto da cabala, ou até com alguma misteriosa escrita védica desaparecida. Olga Gudolle Cacciatore registra "signos-de-salomão, corações, estrelas" como elementos não africanos do simbolismo dos pontos riscados. É bem verdade que a estrela poderia ter sido incorporada pela umbanda a partir do pentagrama cabalístico, no entanto, podemos encontrar estrelas em muitos desenhos e esculturas da arte do Congo, atestando a existência desse simbolismo anterior à chegada do primeiro africano ao Brasil, e antes mesmo de 1482, ano em que os portugueses "descobriram" a "Etiópia Ocidental", primeiro nome com que batizaram a região do antigo reino do Congo. Nessa mitologia milenar, a estrela simboliza o voo da alma, e nada mais significante para representar o povo do Congo em terras americanas. É interessante notar que a estrela negra sob o céu branco foi, durante séculos, a bandeira nacional do reino do Congo. Este ponto riscado do "Povo do Congo"[20] fala por si (Ponto Riscado número 1).

Robert Farris Thompson estudou os pontos riscados da umbanda e pondera sobre a sua simbologia na consagração do ritual:

> Embora o seu lado exterior assemelhe-se aos signos da heráldica ocidental, no nível mais profundo da estrutura, eles se alinham aos do Congo. Dessa forma, a área do chão na qual eles serão desenhados precisa ser muito bem varrida e consagrada, estabelecendo um espaço cosmográfico como o originado no Velho Mundo (a África): o nganga é convocado depois que o assistente varre o terreno, sobre o qual ele então descreve uma figura, como num tabuleiro para adivinhação. Nesse espaço, a solução para o problema do cliente pode ser visualizada pelo nganga e pelo inquice. Isto é, precisamente, a função e a ação dos pontos na umbanda. No Congo, o nganga estremece com o espírito e revela os *insights* do inquice em termos de palavras e receitas. Na umbanda, pretos-velhos e caboclos manifestados a partir do ponto inspiram as pessoas vivas com suas vozes e visões, e garantem aos pobres

e problemáticos uma chance de trazer os seus problemas aos ícones feitos de carne e sangue. Como altares que dão vozes, os sacerdotes possuídos revelam antídotos e resoluções, compondo assim uma medicina de relacionamento.[21]

Em seu texto altamente elaborado, Thompson conclui, como resultado de suas pesquisas nos dois continentes, que a função do ponto riscado no Brasil e na África é quase a mesma. Observando a simbologia da cosmogonia Congo veremos como esses mesmos símbolos são rearticulados no Novo Mundo, recriados no ambiente americano por meio de linguagens vivas, estabelecidas pelos descendentes de africanos.

O africano do Congo interagiu com as novas formas culturais que encontrou no Brasil de modo bastante flexível como já havia feito, anteriormente, na África. Durante os séculos de convivência com outras etnias como os pigmeus, legendários habitantes das florestas da África Central, e os san, grupos habitantes das savanas ao sul de Angola e norte da África do Sul, eles sempre mantiveram laços de troca de produtos e constante intercâmbio cultural.

A cosmogonia Congo é magistralmente simbolizada pelo *dikenga* (Ponto Riscado número 2).

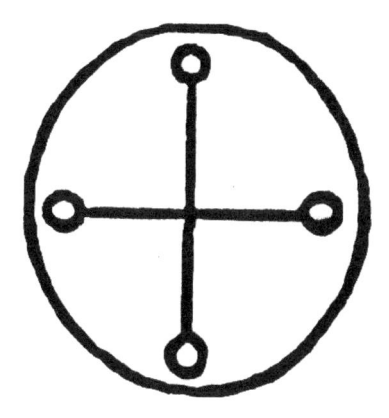

O *dikenga* tem o seu modelo desenhado a partir de uma cruz dentro do círculo. O eixo vertical, a "linha de poder", nos conecta simbolicamente Deus acima. O *dikenga* marca também os quatro momentos do sol — o alvorecer, o meio-dia, o poente e a meia-noite (quando ele está brilhando no outro mundo). Esses pontos são sinalizados por pequenos círculos no final de cada braço da cruz, espelhando o imortal progresso da alma, nascimento, força integral, ocaso e renascimento. As quatro quinas do diamante contam a mesma história seguindo a mesma sequência. Entre os modelos dos cosmogramas do Congo, documentados em coleções de arte do Congo do século XVII,[22] a presença do sinal do *dikenga* pode ser claramente percebida (Pontos Diversos Verticais do Congo — número 3).

Suas cruzes denotam encruzilhadas ou fronteiras entre este mundo e o mundo dos espíritos; e o círculo retrata a órbita cósmica da alma: nascimento — vida — morte — renascimento. Uma figura humana com a cabeça em forma de sol reflete a mesma visão da alma luminosa. Um losango, algumas vezes com uma cruz interna, ou com losangos ou triângulos em suas extremidades, é outra variante do *dikenga*. O losango de cima, às vezes, é representado saltando ostensivamente para fora do corpo da figura. Um réptil anfíbio, novamente composto de losangos, cruza a linha entre a terra e água, evocando o nascimento da alma, transversal na encruzilhada do *dikenga*. A espiral é outro símbolo para a jornada sem fim da alma — daí a importante ligação com as conchas marinhas, usadas para enfeitar os túmulos. A concha é chamada de *zinga*, em quicongo, homônimo de "longa vida". Na umbanda, os pontos riscados dos pretos e pretas-velhas são os que mais retiveram os elementos tradicionais da iconografia do *dikenga*.

(Ponto número 4) Na simplicidade do ponto de Vovó Mombaça, a *dikenga* parece emergir das águas da Calunga, onde a posição mais oculta do sol, *Musoni*, ainda não é visível, enquanto as outras extremidades (*Kala*, *Tukula* e *Luvemba*) aparecem acima da superfície, desfazendo qualquer dúvida sobre a origem cultural desse ancestre. Os outros três pontos riscados expressam magistralmente a mesma simbologia, corroborando seu sobrenome "Calunga".

(Ponto número 5) No ponto riscado de Vovó Catarina da Calunga,[23] vemos no centro da estrela o caracol, *Zinga*, enquanto uma longa linha vertical encontra a linha da Calunga no topo da estrela, mostrando que esta pertence ao plano espiritual. A constelação de estrelas e cruzes em sua volta relembra a trajetória do Sol.

(Ponto número 6) Essa mesma trajetória se repete no ponto de Benedito da Calunga, que tem o seu eixo cruzado por uma flecha e um tridente, representando o potencial energético do caboclo (flecha), combinado com o de Exu (tridente) no plano espiritual, o que parece indicar que esse é um espírito que não deve ser relacionado nas categorias familiares de avô ou tio.

(Ponto número 7) Sua correspondente feminina, Benedita da Calunga, tem sobre a sua própria encruzilhada um ramo de vegetal, indicando o seu trabalho com a flora medicinal. As três cruzes à direita da cruz central reforçam a ideia do seu alto nível de espiritualidade.

O transplante das culturas bantas para o Novo Mundo se deu de forma indiscriminada e heterogênea durante todo o período da escravidão. Suas práticas culturais foram sempre perseguidas, sofrendo sob o peso da proibição e de dolorosas sanções. Muitos estudiosos no mundo inteiro têm procurado analisar como essas culturas persistiram nas Américas, mesmo após suas constantes transformações e novas fusões. Edie James, sacerdote de *Palo Mayombe* e babalaô iorubá em Nova York, dá o seu depoimento:

No Congo, é claro, a tradição mágica quicongo era uma parcela de toda uma cultura, atuando como uma parte integrada em toda a maquinaria dessa cultura. Por outro lado, aqui, e em todos os lugares no Novo Mundo, não existe da mesma forma aquela cultura. Portanto, os mecanismos, as razões pelas quais as técnicas mágicas foram elaboradas, já não existem mais. Então, elas desenvolveram uma existência individual, baseada no indivíduo e não na sociedade. A criação do inquice (o altar ou os artefatos mágicos) pelo nganga (sacerdote) é um exemplo disso. O sacerdote atua quase que isolado da sociedade. Então, você começa a ter a ideia de que: "Eu sou o centro da sociedade, e meu trabalho e minhas atividades são aqueles que criam a sociedade. Estou trabalhando para mim e me colocando dentro da sociedade, ou ignorando-a completamente. Eu estou me colocando na posição em que eu desejo estar." E essa noção de autoposicionamento torna-se a perspectiva da tradição Congo na América.

Isso, é claro, coloca a tradição Congo em oposição direta a certos aspectos da tradição iorubá que, contrariando algumas crenças populares, é essencialmente uma religião

> devocional, uma religião de condescendência com as informações obtidas através da adivinhação, mais do que uma religião que promove a tomada de decisões próprias. Então, o sistema Congo, aqui, desde que o seu objeto já não mais existe, tornou-se agora m sistema ligado à natureza pessoal do indivíduo que o pratica.[24]

Essa diferenciação entre os dois sistemas, Congo e iorubá, é ainda pouco discutida no Brasil, onde a simbologia do Congo ainda não foi suficientemente analisada, embora encontre-se presente em quase todo o país. Já o sistema iorubá foi recriado nas casas de candomblé, de modo mais uniforme por grupos de negros desta etnia que, como registrou Pierre Verger, foram trazidos na mesma época e para o mesmo local (Salvador).

A cultura Congo foi "rearticulada" no Brasil por meio da mais genuína tradição oral por indivíduos sem qualquer associação institucional com a sociedade oficial. Quanto mais tomamos conhecimento desta tradição, mais aumenta a sensação de familiaridade, embora muitos ainda a considerem inculta ou de "qualidade inferior". Ela até hoje não foi transmitida por nenhum livro de nenhuma escola oficial. Seu processo de iniciação, intimamente relacionado com o ser pessoal de cada fiel, não se compara ao rigoroso e hierárquico sistema de iniciação iorubá, que requer consideráveis investimentos de tempo e dinheiro. No Brasil, o melhor exemplo de iniciação Congo é o surgimento espontâneo e descentralizado das ditas "macumbas" em várias partes do país. A atitude guerreira e autocentrada dos *ngangas* Congo se reflete na atitude dos sacerdotes dos cultos bantos em Cuba.

Bandeira da religião Reglas de Mayombe *ou* Palo Monte *de Cuba, com o desenho de algumas de suas "firmas" (pontos riscados). (THOMPSON: 1993)*

Na "Regla de Mayombe",[25] em Cuba, os inquices também são honrados com bandeiras, que (Bandeira — Ponto número 8) trazem geralmente alguns emblemas do espírito, concebidos à maneira conga, com suas cruzes e círculos chamados "assinaturas" ou "firmas" em espanhol. As bandeiras trazem sinais de proteção — os *gandó* —,[26] compostos por flechas guerreiras e outros elementos de alerta.

4. A liturgia banto e a performance na umbanda

Nos rituais da liturgia banto, a tríade "dança-percussão-canto" é parte intrínseca do processo de comunhão coletiva e de transporte para o êxtase mediúnico, que é uma das maiores expressões dessas religiões. Na combinação do ponto riscado com o ponto cantado, centraliza-se a invocação do espírito ou ancestre. Os pontos cantados aludem às principais características de cada espírito individual ou grupo de espíritos. São criados num português coloquial, com gírias e palavras em idiomas indígenas e africanos, sobretudo quicongo, quimbundo e iorubá. A sua poesia simples parece remeter a momentos importantes da passagem do ancestre pela vida, invocando e elogiando a sua força espiritual. Os féis demonstram, cantando, o quanto eles necessitam e desejam a intervenção dos seus ancestres queridos. Cada ancestre tem o seu ponto específico, e alguns deles, como Zé Pelintra, que tanto pertence à categoria "das almas" (espíritos desenvolvidos) como à de Exus (povo da rua), têm centenas de canções em seu nome.

O ritmo e o uso de instrumentos musicais simples — de corda e percussão — participam da herança cultural do samba, que também tem raízes nos rituais provenientes das terras congo-angolenses. O uso desses mesmos instrumentos nas performances ritualísticas nas quais dança e canto se ajustam harmonicamente é outra característica marcante. Chega a ser difícil estudar separadamente, em termos da performance africana, esses três elementos básicos; ao contrário, esses três itens devem ser amarrados em um *continuum*: "batucar-dançar-cantar". No caso dos rituais de possessão, é a junção dos três que cria o ambiente propício para a eficácia do ritual. "A vida seria impossível em qualquer vila africana sem o poder reconciliador, invisível e curativo gerado por esse trio."[27] Assim, quando alguém está tocando um atabaque ou algum outro instrumento africano de percussão, uma linguagem espiritual está sendo articulada. Cantar é interpretar essa linguagem espiritual para a plateia, e dançar é a aceitação dessas ondas sonoras (mensagens) pelo próprio corpo, reunindo a comunidade em celebrações coletivas no ritmo perfeito do balanço da vida.

Com todas as evidências reunidas neste capítulo, esperamos ter demonstrado a relação direta entre as culturas centro-africanas e a tradição umbandista. Tais evidências nos permitem afirmar que as heranças dos povos banta, genericamente, e Congo, especificamente, chegaram até a umbanda por via direta, participando de sua constituição desde os níveis mais profundos e abstratos até os mais concretos e aparentes. Mesmo sabendo que a matriz cultural banto não é a única raiz da umbanda, consideramos indispensável essa exposição.

Notas da Parte IV

1. Conceito desenvolvido por C. Daniel Dawson em sua palestra: "*Invisible Foundations — The Bantu Roots of Brazilian Popular Cultures*", no Triennual African Arts Simposyum na Universidade de Nova York em 1995.
2. C. Daniel Dawson dedica o seu artigo especialmente a Nozinho Bento (Bentinho) e Benedito (dois antigos mestres de capoeira-angola); Valdina Oliveira Pinto, Nei Lopes, Ieda Machado, Benito e Antônio Djalma da Silva (estudiosos das culturas bantas no Brasil); Olabiyi Yai e João Reis, que o apresentaram pela primeira vez à riqueza das tradições culturais de raiz banta no Brasil.

3. Fu-Kiau (1992), p. 6. No caso a língua citada é o quicongo.
4. Thompson (1993), p. 48.
5. O *pacquet* do Congo, nome dado em francês ao inquice protetor conhecido no Brasil como patuá, ou firma.
6. Cacciatore (1990), p. 208.
7. Thompson (1993), p.48.
8. FARELLI, Maria Helena. *Como agarrar seu homem pela magia*. Rio de Janeiro: Ed. Pallas, 1986. p. 21-2.
9. Fu-Kiau, "*Sacred Space: An African Bantu Traditional View*", Paper presented at the Sacred Spaces, the Fourteenth Annual Expressions, Nova York, 1992. p. 3.
10. Fu-Kiau (1992), p.7.
11. Esse espaço sagrado, chamado na língua quicongo *Bendo Kiayina* ou *Bendo Kianlongo*, significa, literalmente, um espaço tabu.
12. Fu-Kiau (1992), p. 1.
13. Idem, p. 11.
14. Idem, p. 12.
15. Carneiro, Souza. *Os mitos africanos no Brasil*, São Paulo, Rio de Janeiro, Recife: Companhia Editora Nacional,1937, p. 198.
16. Carneiro, Souza. Idem, p. 198.
17. *Macuco Matadi*, em quicongo, o mundo superior, que também é visível.

18. O giz é comumente chamado de pemba, do quicongo *mpemba*.
19. *Firma*, do espanhol assinatura.
20. Do livro de N.M. Molina, *Na gira dos pretos-velhos*. Ed. Eco, s.d.
21. THOMPSON, Robert Farris. *Face of the Gods*. New York: Prestel, 1993.
22. Do livro de N.M. Molina, *Na gira dos pretos-velhos*, Ed. Eco, s.d.
23. Do livro de N.M. Molina, Na gira dos pretos-velhos.
24. Edie James em entrevista a Zeca Ligiéro, Nova York, 1991.

    Edie James, 65 anos, foi uma versão contemporânea dos sábios eremitas das lendas da Antiguidade. Detentor de um vasto conhecimento, que se ramifica sobre diversas áreas da sabedoria oculta, ele alternou seu tempo entre os estudos filosóficos múltiplos e o serviço caridoso à comunidade, à qual atendeu quando procurado para solucionar questões de saúde, de atribuições materiais, sentimentais ou espirituais. Foi sacerdote das tradições Congo (Palo) e iorubá, em que foi balalorixá de Xangô (iniciado em Cuba) e babalaô (sacerdote de Ifá, iniciado em Oyo, Nigéria) bem como na Magia Ocidental. Ofereceu consultas utilizando diversos oráculos como pêndulo, tarô, búzios, colar de Ifá, astrologia, vidência...

Até o momento, a mais acessível edição de seu pensamento é o prefácio de Sexual Magic, P. Randal, New York: Magical Child, 1987.

25. *Regla de Mayombe*, religião também conhecida como Palo.
26. Do quicongo *nkandu*, fechadura mágica.
27. K.K. Bunseki Fu-Kiau, *Bulwa Meso, Master's Voices of África*, vol. l, não publicado, pp. 58-60.

Conclusão: Penúltima Palavra

A raiz africana (banto) da umbanda não deve ser a última palavra sobre religião, apesar desta origem ser comprovada detalhadamente por cientistas e pesquisadores internacionais e reconhecida por grandes mestres como Ramatis.

A última palavra sobre a umbanda também não pode ser dos autores desta obra, ainda que tenhamos dedicado cinco longos anos ao esforço de melhor compreendê-la em suas diversas manifestações.

Tampouco saberemos dizer que livro, que escritor, que casa ou que linhagem desta religião tão múltipla seria aquela a que podemos chamar de umbanda verdadeira, certa, perfeita ou definitiva — em detrimento das erradas ou ruins.

Cada vez que se procura entender a umbanda descobrem-se várias e cada pergunta feita resulta em muitas respostas, algumas simples e diretas como um filete de água pura, outras complexas como teoremas quânticos.

Isso porque a última palavra sobre a umbanda nasce sempre do coração de cada um; diante dela e de seus enigmas, vários cientistas ocidentais abandonaram a neutralidade para mergulhar nos mistérios da iniciação.

A sua compreensão do que seja religião, ou do melhor caminho para se reencontrar com Deus, vai, talvez, diferir da nossa ou daquela alcançada pelo seu vizinho, mas, se aprendermos bem a lição da umbanda, saberemos conviver em paz.

Nossa penúltima palavra sobre a umbanda é resumi-la como uma mensagem de amor e aceitação do próximo como a nós mesmos, renovando e multiplicando em novas linguagens o ensinamento do Cristo e a Verdade de muitas tradições.

A umbanda, do modo como a vemos, está relacionada também com a história multirracial do Brasil e com a natureza múltipla e heterogênea da floresta quente — maior fenômeno ecológico do nosso país.

Ela restaura na sociedade o espaço para a sabedoria das antigas religiões da natureza, construindo-se a partir da sabedoria afro-ameríndia, comunicada oralmente até os nossos dias e, muitas vezes, diretamente ao espírito.

Ela organiza o acesso do povo às bênçãos que brotam da terra, através da cura e da magia com folhas da floresta, combatendo com a caridade a biopirataria das multinacionais que roubam nossas plantas para produzir remédios caros.

Tentando dar a última palavra sobre a umbanda, vários autores incorreram ao engano do preconceito, afirmando que ela era uma coisa só e que todas as outras formas da religião eram erros de pessoas ignorantes e espíritos embrutecidos.

Reduzir as muitas faces da umbanda àquela que mais se parece conosco é uma perda tão grande quanto derrubar uma nobre floresta heterogênea para plantar só café, soja, açúcar, pasto ou para deixar os desertos se multiplicarem.

Ao pensar sobre qual seria sua última palavra sobre a umbanda, sugerimos que você dê um refresco para os pensamentos, relaxe recebendo as energias inspiradoras da natureza, ou ouça uma música de que goste muito, abra o coração e ame. Ame, ame... Amém.

Bibliografia

AGASSIZ, Louis. *A Journey in Brazil*. Boston: Ticknor & Fields, 1868.

ATANDA, Joseph. *An Introduction to Yoruba History*. Ibadan: Ibadan University Press, 1974. p.7.

BASTIDE, Roger. *African Civilizations in the New World*. New York: Harper & Row Publishers, 1971.

_____. *The African Religions of Brazil*: Toward a Sociology of the Interpretation of Civilizations. Baltimore: Johns Hopkins University Press, 1978.

BASTOS, Abguar. *Os cultos mágico-religiosos no Brasil*. São Paulo: Editora Hucitec, 1979.

BATESON, Gregory. *Steps to an ecology of mind*. New York: Ballantine Books, 1972.

BIRMAN, Patrícia. *O que é umbanda*. São Paulo: Editora Brasiliense, 1983. p. 25-6.

_____. *Fazer estilo criando gênero*: possessão e diferenças de gênero em terreiros de umbanda e candomblé no Rio de Janeiro. Rio de Janeiro: Relume-Dumará/Ed. Uerj, 1995.

BÔAS, Orlando Villas; BÔAS, Cláudio Villas. *Xingu: os índios e seus mitos*. São Paulo: Zahar, 1975.

BROWN, Diana DeG. *Umbanda: Religion and Politics in Urban Brazil*. Michigan: University of Michigan Press, 1986.

BULWER-LYTTON, Edward. *Zanoni*. Boston: Little Brown, 1897.

CACCIATORE, Olga Gudolle. *Dicionário de cultos afro-brasileiros*. Rio de Janeiro: Forense Universitária, 1977.

CAMÕES, Luís de. *Os Lusíadas*.

CANIZARES, Raul. *Walking with the Night: the Afro-Cuban World of Santeria*. Rochester, Vermont: Destiny Books, 1993.

CARNEIRO, Édison. *Religiões negras*. Brasília: Civilização Brasileira, 1981. p.24.

COSSARD, Gisèle Binon. *Le Candomblé Angola*. Sorbonne, 1970, inédito, p. 15-5-56. (Tradução dos autores.)

CUVELIER, Jean. *L'ancien royaume du Congo*. Bruges, Paris: Desclée de Brouwer, 1946.

DEBRET, Jean Baptiste. *Viagem pitoresca e histórica ao Brasil*. São Paulo: Livraria Martins Editora, 1954.

DECELSO, Celso Rosa. *Umbanda de caboclos*. Rio de Janeiro: Editora Eco, 1967.

EWBANK, Thomas. *Life in Brazil: a Journal of a Visit to the Land of the Cocoa and the Palm*. New York: Harper & Brothers Publishers, [1856] 1971.

FARELLI, Maria Helena. *Zé Pilintra, o rei da malandragem*. Rio de Janeiro: Cátedra, 1987.

FREYREISS, Georg Wilhelm. *Viagem ao interior do Brasil*. São Paulo: Editora Itatiaia/Universidade de São Paulo, 1982.

FU-KIAU, K. Kia Bunseki. *Le mukongo et le monde quil'Entourait*. Kinshasa, Congo: Centre d'Education et de Recherche Scientifiques en Langues Africaines, 1969.

_____. *The African Book without Title*. Cambridge: 1980.

_____. *Self-healing Power and Therapy: Old Teachings from Africa*. New York: Vantage Press, 1991.

_____. *Ntangu-Tandu-Kolo: The Bantu-Kolo Concept of Time*. In: ADJAYE, Joseph. (Ed.). *Time in the Black Experience*.[S.l.]: Praeger, 1994.

_____. Bulwua Mhso, *Master's Voices of Africa*, vol. l (não publicado).

GHEERBRANT, Alain. *The Amazon: Past, Present and Future*. New York: Harry N. Abrams, Inc. 1988.

HARDINGE, Emma. *Modern American Spiritualism*. New York: University Books, [1870] 1970.

HAVELOCK, Enric. *Preface to Plato*. Cambridge: Press of Harvard University, 1963. p. 115.

HEGEL, Georg W. F. *The Filosofy of History*, Nova York: Dover Edition, 1956. p. 91-2 em Ngũgĩ wa Thiong'o

Decolonising the Mind: the Politics of Language in African Literature.

HESS, David. *Spirits and scientists:* ideology, spiritism, and Brazilian culture. Philadelphia: Pennsylvania State Univ Pr, 1991.

HOLLOWAY, Joseph E. *Africanisms in American culture*. Bloomington: Indiana University Press, 1990.

IRELAND, Rowan. *Kingdoms come*. Pittsburgh: University of Pittsburgh, 1991.

KARDEC, Allan. *O livro dos espíritos*. São Paulo: Instituto de Difusão Espírita, [1927] 1995.

KUBIK, Gerhard. *Angolan Traits in Black Music, Games and Dances of Brazil*. Lisboa: Centro de Estudos de Antropologia Cultural, 1979.

LIGIÉRO, Zeca. *Candomblé is religion-life-art*. In: GALEMBO, Phyllis. *Divine Inspiration*: *from Benin to Bahia*. Albuquerque: University of New Mexico Press, 1993.

_____. "Saravá Umbanda, saravá seu Zé Pelintra". Revista Ano Zero, Rio de Janeiro, jan. 1992.

_____. *Umbanda: paz, liberdade e cura*. Rio de Janeiro: Record/Nova Era, 1998.

LOPES, Nei. *O samba na realidade*. Rio de Janeiro: Codecri, 1970.

_____. *Bantos, malês e a identidade Negra*. Rio de Janeiro: Forense Universitária, 1988.

_____. *O negro no Rio de Janeiro e sua tradição musical*. Rio de Janeiro: Pallas, 1992.

LOPES, Nei; VARGENS, João Baptista M. *Islamismo e negritude*. Rio de Janeiro: UFRJ, 1982.

LOPES, Octaviano da Silva. *Catimbó no Brasil*. Rio de Janeiro: Espiritualista, 19--. p. 53.

MASCETTI, Manuela Dunn. *Saints: the Chosen Few*. New York: Ballantine Books, 1994.

MONTECÚCCOLO, João Antônio Cavazzi de. *Descrição histórica dos três reinos do Congo, Matamba e Angola*. Lisboa: Junta de Investigação do Ultramar, [1679] 1965.

MOURA, Roberto. *Tia Ciata e a Pequena África no Rio de Janeiro*. Rio de Janeiro: Funarte, 1983.

OKPEWHO, Isidore. *African Oral Literature*. Bloomington and Indianapolis: Indiana University Press, 1992.

OLIVEIRA, Jota Alves de. *A umbanda cristã e brasileira*. Valença: Centro Espírita de Valença, 1985.

ONG, Walter J. *Orality and literacy: the Technologizing of the Word*. Londres/NY: Routledge, 1993.

PAGELS, Elaine. *The Origin of Satan*. New York: Random House, 1995, p. xxiii.

PEREIRA, Nunes. *A casa das minas: contribuição ao estudo das sobrevivências daomeianas no Brasil*. Petrópolis: Vozes, 1979.

PINTO, Valdina de Oliveira (Makota Zimewaanga). *Candomblé de Angola, uma recriação de tradições culturais Bantu sobreviventes entre nós*. In: Encontro de nações do candomblé, 2., Salvador, 1995.

PRABHUPADA, A.C. Bhaktivedanta Swami. *Coming Back: the Science of Reincarnation*. Los Angeles/Londres/Paris/Bombaim/Sydney/Hong Kong: The Bhaktivedanta Book Trust, [1982], 1985.

QUERINO, Manuel. *Costumes africanos no Brasil*. Rio de Janeiro: Funarte, 1988. p. 70.

RIBAS, Oscar. *Ilundo: espíritos e ritos angolanos*. Luanda: Instituto de Investigação Científica de Angola, 1975.

RODRIGUES, Ana Maria. *Samba negro, espoliação branca*. São Paulo: Hucitec, 1984.

RUGENDAS, Jean Maurice. *Viagem pitoresca através do Brasil*. São Paulo: Livraria Martins, 1945.

SCHECHNER, Richard. *Performance Theory*. New York: Randon House, 1993.

_____. *The Future of Ritual*. New York: Routledge, 1993.

SHOHAT, Ella; STAM, Robert. *Unthinking Eurocentrism*. [S.l]: Routledge, 1994.

SILVA, W. W. Matta Moura e. *Umbanda de todos nós*. Rio de Janeiro: Freitas Bastos, [1956] 1992.

STONE, Richard. *In Africa's Forest and Jungle: Six Years Among the Yorubans*. New York: Fleming H. Revell, 1899. p. 20-3.

THIONG'O, Ngũgĩ wa. *Decolonising the Mind: the Politics of Language in African Literature*. Londres: James Currey; Nairobi: EAEP; Portsmouth N.H.: Heinemann, 1986. p.18.

THOMPSON, Robert Farris. *African Art in Motion*. Berkeley: University of California Press, 1979.

_____. *Face of the Gods*. New York: Prestel, 1993.

_____. *Flash of the Spirit: African & Afro-American Art & Philosophy*. New York: Vintage, 1984.

THOMPSON, Robert Farris; CORNET, Joseph. *The Four Moments of the Sun*. Washington: National Gallery of Art, 1981.

TURNER, Victor. *The Anthropology of Performance*. New York: PAJ Publications, 1987.

VERGER, Pierre. *Fluxo e Refluxo do tráfico de escravos entre o Golfo de Bénin e a Bahia de Todos os Santos dos séculos XVII a XIX*. Salvador: Corrupio, [1968], 1987.

_____. *Orixás*. Salvador: Corrupio, 1981.

WATTS, Alan. *Tao: o curso do rio*. São Paulo: Ed. Pensamento, 1992.

ZAYDAN, Alkimin. *Zé Pelintra, dono da noite, rei da magia*. Rio de Janeiro: Pallas, 1992.

Este livro foi impresso em dezembro de 2023,
na Gráfica Reproset em Curitiba
O papel do miolo é o offset 75g/m^2, e o da capa é o cartão 250g/m^2.
A família tipográfica utilizada é a Utopia Std.